# 子どもが育つ地域社会

学校五日制と大人・子どもの共同

佐藤一子［著］

東京大学出版会

Nurturing Networks in the Community:
Intergenerational Support and Cooperation
Katsuko SATO
University of Tokyo Press, 2002
ISBN 4-13-053058-5

# はじめに

子育てについて多くの親が悩んでいる。「子どもは親の背中をみて育つ」といわれたのは高度経済成長期までであり、一九八〇年代にはいると家庭内暴力や不登校、いじめ、ひきこもりなどの問題について苦しむ子どもや親たちが多くなった。家庭内での子どもの虐待などの事件もかつてないほど増加している。一九九〇年代には「新しい荒れ」や学級崩壊などの現象がみられるようになり、ベテランの教師でも子どもとむきあうことが困難な状況がひろがってきた。

その背景として、子どもたちが自他を認識する力を欠き、自己肯定感に乏しく、不安感やイライラ感をもっていることがさまざまな調査で明らかにされている。学級崩壊は、直接的には学校制度の問題にねざしているといえるが、同時に幼児期からつみ重なっている心理的・発達的な状況や、家庭・地域の環境問題、マスメディアの社会的影響など、子どもの生活自体の問題に要因があることも明らかであろう。

こうした子どもたちの心身の脆弱化とともに、子どもを育てている親たち、とくに母親の子育ての悩みや育児不安が増大しており、子どもとの関係や近隣の母親同士のあいだでも複雑な葛藤をかかえていることが注目されるようになった。二〇〇〇年春に東京都文京区で発生した幼稚園児殺害事件は、親しく交際しているようにみえた母親同士の葛藤やストレスがひきがねになったといわれ、現代社会の育児不安の病理の深さが浮きぼりにされた。事件の背景として、他人の子どもをうらやましがったり、育児法どおりにしつけられずにノイローゼになるなど、母親同士の葛藤やイライラ感がひろがっていると指摘されている。

母親自身が孤独な子育てのなかで心理的な閉塞感をもち、家族や他の母親と悩みを共有したり、社会的関係のなかでストレスを解消することができずに追いこまれている状況がある。

子育てにたいしてそれぞれの家庭が負っている責任が大きいことはいうまでもない。しかし今日のような子育て困難のひろがりには社会的な要因が深く関係しており、社会的な対応や支援が求められている。かつて子育ては地域社会の共同事業であり、生活や生産の諸組織が子どもの自立を支援するシステムとして作用していた。地縁的な異年齢集団や農作業の手伝い、行事や自然のなかでの遊びをつうじて、子どもたちは生活能力や社会性を身につけ、一人前になる見とおしを獲得したのである。こうした地域共同体の教育力にささえられた子どもたちの自立の過程は、近代化、都市化、核家族化の過程で次第にやせ細り、それとともに子育てが地域から断絶した家庭のなかでの孤立した営みに変容していった。

子どもの自立の過程は、親や周囲の大人たちの愛情と養育、子どもたち同士の相互交渉と役割の発揮などをともなった、生活をつうじての自己決定能力の獲得過程であるといえる。そこには教育的要素とともに、さまざまな環境と社会的関係が影響をおよぼしている。しかし、子どもの自立をささえるための社会的な基盤の弱体化とともに、子育て・子育ちの営みは個々の家庭のなかに閉じこめられ、地域社会との接点は限られたものになった。このことは、親にとって子育て困難の増大をもたらしているだけではなく、子どもたちにとっても自分が選択し、設計していく人生の将来像がみえにくいという閉塞感を生んでいる。

現在教育の自由化が叫ばれているが、子育てが個々の家庭の選択によって自由に営まれ、あるいは子どもたち自身の自己責任によって生活や進路を選択しうると考えることは空想的であり、社会的な制約はあまりにも大きい。母親同士の葛藤や幼児虐待も、個々人の判断では処理しえない現実の制約のなかでの社会的な矛盾のあらわれにほかならない。社会的なささえを喪失した「私事」的な子育て・子どもの自立過程を、社会的な関係性のなかでとらえなおし、地域社会の支援と相互連帯という筋道をさぐらなければ、子育て困難はますます深刻の度を増していくであろう。

このような現状にたいして、九〇年代以降の教育改革をつうじて学校五日制が導入され、生活体験を重視することをめざした「生きる力」の育成や、学校・家庭・地域の新たな連携が強調されている。しかし、長いあいだ学校が地域社会にたいして閉鎖的であったというだけではなく、子どもが育つ地域社会も大きく変容しており、地域の教育力があたりまえにどこの地域社会にも存続しているわけではない。家庭・学校・地域の連携を推進するためには、それぞれの地域社会の歴史的・文化的・環境的な資源の活用と、住民の自発的な参加を促進するしくみが必要であり、学校教育とはことなる社会教育の独自の役割も大きい。学校の休日や放課後の生活においては、家庭の自律的な責任のもとで、大人と子どもの共同的な関係をはぐくむという視点から、地域社会の共同の発展と教育力の再生が問われているといえよう。

子どもはそれぞれの家庭に生まれ育つが、その家庭は環境・文化・人間関係、公共的なサービス体系の単位としての地縁的社会や行政区域に属している。その意味で「子どもが育つ地域社会」とは、家族の存在基盤である歴史的・環境的・制度的な空間であるといえる。しかし、現代社会で地域の教育力の低下を問題にする場合、生活の現代化・流動化のもとで地域社会との関係が希薄になっている生活のありかた自体にも目をむけなければならない。受動的に属している地域社会を、自分にとって必要な相互の関係性を発展させるための参加の場として、意識的にとらえなおすきっかけが必要である。

本書では、地域の教育力を、そこに自明のものとしてあるのではなく、人びとが意識的に参加し、生活文化の共同創造をつうじて再生していく実践的な可能態としてとらえる。大人と子どもがそれぞれの関心と必要性に応じて共同し、参加する、さまざまな関係性の重層的なネットワークとして地域社会を意識したとき、初めてその歴史的・制度的な意味や課題もみえてくるものであろう。学校・家庭・地域の連携にむけた行政の支援も、子育ての当事者である保護者や住民の参加のもとでその方策が決定され、運営されるプロセスこそが重要である。

「子どもが育つ地域社会」とは、子どもにとって今、存在している自分をとりまく環境を意味しているとともに、子どもと大人が新たな共同関係をはぐくみ、創っていく社会という意味ももっている。子どもが育つうえで学校の力はむろん大きいが、学校五日制が導入された現在、学校外の家庭・社会生活と文化の影響力に注目することは焦眉の課題であろう。「地域の教育力」といわれてきた問題を、二一世紀のグローバルな状況においてあえて問いなおす意味は、学校外の社会的な教育文化の営みのなかで子どもの自立・育ちの過程を明確にする手がかりがここにあるからである。

本書では、社会教育の分野で学校外教育論として深められてきた問題を教育改革の現代的な課題として位置づけるとともに、親・住民・教育関係者などがともに協力する教育文化の共同・協同の意義を明らかにする。地域からの教育創造をどのようにして実現していくのか、その条件と可能性を検討することが課題である。地域の教育力の再生にむけた保護者や住民のとりくみの発展にささえられてこそ、地域の社会文化的な資源が学校の教育内容にもとりいれられ、学校づくりへの住民参加の意義も明らかになるといえよう。

教育の地方分権が推進されている今日、地方自治体がそれぞれの地域の実状に応じた教育改革を推進することは一定の現実性をもっている。しかし、他方で、奉仕活動や伝統的な郷土主義の復活、教育基本法の「改正」などをつうじて、性急な国家主導的公民教育目標がうちだされ、地域の主体性が疎外され、動員型の「参加」のシステム化がすすめられる方向性も強まっている。そのような中央と地方の拮抗関係のもとで、地域からの教育創造を可能にする主体はどのように形成されるのか。子どもたちの自立と学びの過程を発展させようとする各地の模索のなかにその可能性をさぐらなければならない。

その波乱にみちた過程に親・住民・教職員・自治体行政関係者などがどのようにかかわり、子どもたちとの信頼関係を築き、子どもたち一人ひとりの社会的な自立と自己実現をささえていくのか。学校五日制という新たな段階において、「子どもが育つ地域社会」の現状と今後の課題をさぐることにしたい。

目　次

# 序章　子どもが育つ地域社会

よい社会でなければよい教育はできないが、よい社会をつくることは教育の力にまたなければならない。この悪循環をどこで断ち切るか。それはつぎの一点で断ち切るほかはない。すなわち社会改造に教育を参加させることである。教師と、両親と、子どもたちとが、力を合わせて社会をよくするように努力することである。

宮原誠一「教師論」（一九五〇年[1]）

## 1　学校五日制の導入

二〇〇二年度から完全学校週五日制が開始された。子どもの登校日は年間で約二〇〇日となり、放課後に加えて、一年のうち四五パーセントもの日々を学校に行かずに地域や家庭ですごすことになった。

明治期の学制発足以来、子どもたちにとっても家庭にとっても学校の意味は大きくなり続けてきたが、今後はこうした傾向が逆転し、学校外の生活が大きな比重をもつようになる。浪費的な消費社会、情報化社会にもろに投げこまれている子どもたちの日常生活がどのように変容していくのか、親たちにとっても先のみえない不安がある。

学校五日制は、学歴偏重社会の弊害を是正するという考えかたにたって、一九八〇年代半ばの臨時教育審議会（臨教審）答申で提言され、その後、「生きる力の育成」にむけて教育内容を削減し、総合的な学習や体験学習を奨励する教育課程改革と一体となって具体化されてきた。月一回の五日制が導入された一九九二年当初、親たちへのアンケート調査では、賛成をかなり上まわって、不安や批判が表明されていた。養護学校や過疎地の学校の場合、土曜日の子どもの生活が孤立化し、近隣での交流も思うようにならないという問題をかかえている。土曜日が休日でない共働き家庭の場合も不安が大きい。子どもたちを学校に囲い込むことに問題はあるにしても、教育の公的保障が後退することによって新たな問題が生じることは避けられない。(2)

こうした問題にたいして、「地域の受け皿」の充実や学校と社会教育の連携が強調され、学校と地域社会の一体化をはかる「学社融合」(3)が、学校五日制時代の新たな教育システムとしてうちだされてきた。しかしその過程で学力低下問題がクローズアップされ、教育内容を大幅に削減した新指導要領への疑問がだされており、学力論争が展開されている。(4)

他方、「受け皿」としての地域の教育力といっても、活用できる機会が果たして十分整備されているのかという問題は地域によって格差が大きく、子どもたちの実態はみえにくい。たしかに政策的な推進のもとで学校開放は以前にくらべてひろく実施されており、児童館・公民館などの五日制対応事業もある程度定着してきている。しかし、いずれも小学校低学年の一部の子どもたちに利用が限られがちであり、小学校高学年から中・高校生の自由時間にたいする地域社会のとりくみは、必ずしも有効になされてはいない。共働き家庭の子どもたちについては、放課後の学童保育所がさしせまって要望され、このところ全国の自治体で設置が急増し、土曜開所も七割をこえている。

七〇年代以降各地にひろがった地域子ども会や地域スポーツクラブ、任意の青少年・文化団体などは八

○年代末頃から少子化の傾向もあいまって活動が停滞傾向をみせていたが、学校五日制が導入された今日、NPO化や学校・行政機関との連携などの模索をおこなっている。学校五日制と子どもや青年の地域参加の促進には、子育て・福祉・文化・教育などの全体状況を視野に入れた新たな発想や担い手が求められているといえるであろう。

## 2　家庭・地域の教育力は学校の補完か

子どもの学習権の保障と学校教育課程の問題とともに、目をむけなければならないのは、子どもの社会生活や文化の問題であり、学社融合の基盤とされる家庭・地域の教育力の回復の可能性という課題である。学校・家庭・地域の連携は学校教育システムの補完として政策主導で推進されているが、そもそも家庭・地域の教育力の目的や機能は、学校の教育機能を補完したり、代替する性格をもつものなのだろうか。それとも学校教育の目的とはことなる、独自の意味や機能をもつものだろうか。相互の関係をどうとらえるべきなのだろうか。こうした問題が明確にされず、それぞれの地域で責任のある対応もないままに学校五日制が制度的に促進されたことにより、結果的に、本来学校教育の責任範囲であった学習上の課題まで、個々の家庭の責任としてかぶさってきている。

実際、中学校教師で『学校崩壊』の著者である河上亮一は、集団生活の前提となるような基本的な生活の型を身につけていない、ひ弱でわがままな「新しい子ども」の登場が教育困難の原因であると主張している(5)。首相の私的諮問機関であった教育改革国民会議は、こうした見解を受けて「教育の原点は家庭である」「小学校入学までの幼児期に、必要な生活訓練を終えて社会に出すのが家庭の任務である」との提言を二〇〇〇年一二月にまとめている(6)。学校の側から家庭教育のありかたを一方的に位置づけている主張であり、その基準で家庭を評価し、親の責任を規定しているのである。

高度経済成長期以降、子どもを育てる家庭は、競争的な学校システムの下支えの機能を果たしてきた。家庭の養育にも学校的な価値観が強く影響をおよぼすようになり、結果として子どもにとって居場所のない家庭や、過保護・過干渉の息苦しい親子関係が多くなってきた。家庭や地域が子どもと親にとって生活の場であり、文化的な継承・再生産の場であるという事実が見失われている。学校五日制はそうした状況から家庭を解放し、地域社会との関係を回復し、親子が主体的に参加し、文化創造の担い手となるような自由な子育て文化をはぐくむきっかけとなる可能性を一面ではもっている。

しかし、長いあいだ学校中心的な価値観に依存してきた日本の社会では、「教育イコール学校」の考えかたが根強く、ほかの社会的教育諸機能が学校と並ぶような教育文化的な意義をもつというとらえかたは未成熟である。ましてや教育改革国民会議の提言のように、道徳的な規範を強めて、家庭にいっそう大きな責任をもたせようとする発想は、国家主導的な教育観によって個々の家庭の自由な子育て観を画一的に拘束することにもなりかねない。

本来、子育て・子育ちは社会的・共同的な性格をもち、それぞれの地域性・歴史性のうえになりたっている。今日の子育て・子育ちの困難も、個々の家庭の考えかただけでは自由にならない社会的な背景がある。あるべき姿として個々の家庭の子育てについて語りあうことは父母・住民のあいだでは多様になされてよいし、そうした討論から相互に学びあうことが重要である。しかし、家庭や地域の教育力の回復をはかるうえでは、それらが私事的・共同的な性格をもつ営みであるということをふまえて、上からのあるべき理想の提唱ではなく、親たちが困難な課題を共有し、解決するという観点からの公共的な支援が求められる。教育改革国民会議の提案を受けて二〇〇二年七月の中央教育審議会（中教審）答申「青少年の奉仕活動・体験活動の推進方策等について」によって奉仕活動を子どもたち全員がおこなうようにするという方策が具体化されることになった。これは家庭・地域の教育力を国家主義的な倫理規範の浸透の手段として活用する国家的施策であり、そのすすめかたには多くの問題がある。(7)

家庭や地域社会の実態も子育て観も多様であり、経済的にも文化的にも社会集団や階層による差異があるのは当然である。私事性・共同性を基盤とする家庭や地域の教育力を、学校の補完として一面的に位置づけることは、こうした多様性や差異を新たな教育システムの一環として序列化していくことになる。学校的価値から自由な家庭や地域の教育力をはぐくむという原則をふまえながら、それぞれの地域における共同の子育て・子育ちの過程を公共的・社会的に支援し、子どもが育つ地域社会を再構築していくことが課題である。

## 3　子どもの自立をささえる共同意志

子育ての悩みや不安は、乳幼児期の子どもをもつ母親たちの心理的不安、幼児期の早期教育、小学生のいじめや遊び仲間の問題、中・高校生の親子関係や社会的自立の難しさ、子育てにおける夫不在の問題など、子どもの年齢や家庭・地域環境に応じてさまざまである。情報の氾濫や学校の序列化のなかでの競争、子どものメディア環境や浪費的生活による親子の断絶、さらには都市における核家族の生活形態や企業社会におけるジェンダー差別などの種々の要因が複合している。それらの問題への対応が、核家族における母親の責任としておおいかぶさってくる。その意味で、子どもの自立の困難と親にとっての子育ての悩みの増大は、相互に関連し、表裏一体をなしているといえよう。

高度経済成長期以前の時代には、子どもを生み、育てるという営みは経済的困難や過重な労働形態、医療過疎などの悩みをかかえながらも、家族や地域社会全体にささえられているという共同性を実感しうるものであったにちがいない。しかし、今日では子育ては経済的負担が大きいばかりでなく、母親にとって孤独で、過剰な責任とストレスを背負いこむ閉鎖的な営みとなっており、少子化はそうした傾向にいっそう拍車をかけている。

家庭の教育力の回復という問題がとりあげられるときに、こうした子育ての孤立化と子育て不安の社会的背景をぬきにして、しばしば母親のしつけかたや子どもにたいする愛情の過少など、母親の資質や育児スキルの欠如を非難し、母性の重視や父性の復権をことさら強調する傾向がみられる。このことが、むしろ子育てへの責任を過剰に意識しがちな母親に生じやすい子育て不安をさらに増幅させている。(8)

個々の親にとって、子育ては家庭の私的な営みであると同時に、子育て仲間や近隣社会の協力にささえられ、地域社会の産業・環境や文化などの影響を受けた共同的・社会的な営みである。たとえば、子どもが夕方まで外で遊ぶという行動は、子育ての共同性が維持されている地域や学童保育所などの施設では日常的な現実であるが、都市の一般家庭では、子どもを十分遊ばせたいと願っても自然にはそうした状況にならないことが普通である。遊びの問題ひとつについても親同士の社会的関係のなかで共同意志を形成しなければならないほど、子育ての共同性は衰退している。

　こうした孤立した子育てから脱却して、子育て仲間を求める母親たちのおもいは切実である。子どもを遊ばせるために公園デビューが必要不可欠となる実状がある。

　現代社会においては子育て不安から発するさまざまな要求が子育ての共同性の回復につながる契機となるが、そのためには日常のささやかな行動であっても母親たちが意識的にかかわるプロセスが必要である。そのことは、母親たちにとっては閉ざされた私的な世界からふみだして地域社会にむきあうための大きな努力を要する問題なのである。

　子育ては、地域社会や学校・幼稚園などでの親同士の関係づくりをつうじて共同的な意志を形成していく営みでもある。こうした日常的な関係づくりは、学校教育を補完するだけではなく、親の交流や地域文化のひろがりをつうじて、地域共同生活を発展させる意味をもつ。それは不登校の子どもたちのたまり場づくりであったり、学童保育所の共同経営・運営参加であったり、保健所や保育所・幼稚園をまきこんだ子育て支援ネットワーク形成であったり、親子遊びの会であったり、さらには自然保護活動であったりする。

　まさに子どもたちが地域の共同的・社会的関係にささえられて生活のなかで学び、成長し、自立していくことの保障が、親や住民の共同意志によってさまざまにつくりだされ、地域社会に網の目の関係として蓄積しているのである。こうしたとりくみがなければ、地縁的なつながりを失った現代社会では、子どもの自立の過程や子育ての営みが社会化され、共同性を回復していくことは不可能であるといえよう。

## 4　地域の教育力の再生と学社連携

地域の教育力の再生という問題は、一九六〇年代後半頃から父母や教師の地域教育運動や住民運動をつうじて提起され、社会教育や児童福祉の領域で政策的推進や実践がおこなわれてきた。それらは、つぎのような三つの内容をもっていた。

第一は、子育ての共同性にねざす要求を、父母・住民が主体となって実現する自主的な教育文化活動である。青少年団体や文化団体の活動、居場所・たまり場づくり、保育所・学童保育所の共同運営などのとりくみが全国的なひろがりをみている。

第二は、そのとりくみを公共的な課題として発展させるための地方自治体の教育文化環境整備と、社会教育・青少年施設の事業である。図書館建設や遊び場づくり、青少年・児童福祉施設の設置をはじめ、近年では子どもの権利条約の具体化にむけて、子どもの参画を推進する先進的なとりくみもおこなわれている。

そして第三は、学校と地域の対話、父母・住民と教師の協力・協働など、学校を地域に開くこころみである。ＰＴＡ活動や校外活動、教育懇談会、学校開放・余裕教室の活用をはじめ、近年では学校評議員、学校三者・四者協議会などの制度的な参加の場の設置も試行されるようになった。また、学校支援ボランティアの招聘や青少年団体の協力などをつうじて、学校と父母・住民の自主的な活動との接点がうまれている。地震や災害問題、高齢者福祉、地場産業、環境保全などの問題に学校が関心をもち、子どもたちの総合的な学習にまちづくりの視点がとりいれられるようになった。これらをつうじて、地域の教育力の活性化を学校が促進するという新たな動向もみられる。

このような活動が市民団体・サークルなどのとりくみにとどまらず、自治体行政や教育行政の施策によって推進され、学校・行政諸機関との協働関係（パートナーシップ）や団体・グループ間のネットワーク形成のもとで、より総合的に推進されている先進的な地域もある。住民の共同的なとりくみの蓄積と、地域・自治体の支援の適切なシステム化という相互協力関係が、地域の教育力を再生する鍵ともいえるのである。

家庭や地域の教育力の再生には、地域の社会教育の施策や市民活動との連携が重要である。学校と社会教育の関係を全体構造としてどうとらえるかが問われている。

戦後教育改革期に社会教育の本質把握をこころみた宮原誠一は、学校と相対して発達してきた社会教育を「学校の補足、拡張、以外」という三つの発達形態によってとらえている。家庭と地域の教育力の再生という問題は、ここでは「学校の補足」に位置づいており、戦前の軍国的な青少年団体、生活指導、団体訓練などの国家的な要請が、「補足」的形態の発達をうながす歴史的要因となったことが指摘されている。宮原によれば、「補足」的形態の背景には、「教育の重点を教師から児童へ、教科から児童の経験や活動へと移動させることをもとめる新教育の思潮」や「人々の関心を児童の生活そのものにむけさせる」個人主義、自由主義的傾向を追いはらうために、「軍国主義的、国家主義的、権威主義的」社会教育運動がよびだされるという歴史的経緯があったとされる。(9)

こうした「補足」形態の矛盾を明らかにしたうえで、宮原は、「青少年は学校の外で生活の大部分をすごすのであり、彼らは彼らの社会生活の全過程において学習している」こと。それは「不断にプラスまたはマイナス」の学習であること。したがって「社会をよくする仕事にただちに青少年を参加せしめる」ことをつうじて「学校、家庭、社会の三者が協力しなければならない」とのべている。[10]社会状況として一九二〇年代から四〇年代と今日を重ねあわせてとらえる意味が明らかにされている。学校と社会教育を地域社会のレベルで総合的に再計画化する課題が、「参加」をキーワードとして提示されていることに宮原の先見性をみることができる。

現代社会では、住民の参画による新しい活動の創造をつうじて、学校の枠をこえた地域教育・学校外教育・地域福祉文化が発展している。その内容は、学校と並立する学校外教育の組織化にとどまらない。学校外の教育という枠をこえて、子どもの放課後・休日の生活や活動そのものが問われており、福祉・文化・環境などの問題にまたがる施策も課題となっている。地域社会への子どもの参画の推進には、子どもたちを独立した人格として尊重するという社会的関係性の認知や、子どもの意見表明にもとづく地域民主主義の発展という問題もふくまれているのである。

## 5　大人・子どもの共同と参画

「子どもが育つ地域社会」は、学校などの教育機関の運営原理とはことなる、より日常的な生活文化的な営為をささえる原理が作用している世界である。その原理を、本書のサブタイトルに示した「大人・子どもの共同」というキー概念によってとらえてみたい。

本書では「共同」「協同」「協働」の三つの概念を、これに関連して用いている。「共同」にはもっともひろい意味で「一緒に力を合わせる」「目的や価値を共有する」包括的な共生・協力関係という意味をもたせている。これにたいして「協同」は意味の重複はあるが、「事業や活動に共にとりくむ」「協同事業体」などの意味で用いている。「協働」はより限定された意味で、ことなる立場の人びと・集団や組織・機関が社会的に協力しあう相互関係の形成（パートナーシップ）の意味で用いている。

このような多様な実践創造をふくんだ人・方法・組織によって大人と子どもの関係性が構築されている生活世界が、動態的な「子どもが育つ地域社会」にほかならない。

これまで、子どもたちにとっての地域社会を「遊び空間」[11]（藤本浩之輔）、「子どもの生活圏」[12]（増山均）、「自己形成空間」[13]（高橋勝）などの概念によって把握するこころみがなされてきた。これらは、学校・家庭・地域の連携といった組織・機能的な把握をこえて、子どもの生活の豊かさや人間的な成長にかかわる社会環境を本質的にとらえるこころみといえる。藤本の「遊び空間」は、文字どおり遊びこそ子どもの生活と学習の原点であるという視点にたって、地域の環境を実体的に把握したものである。「空間」という表現に豊かなイメージをこめたオリジナリティに富んだ接近といえる。

増山の「子どもの生活圏」概念は、都市計画・児童福祉における「シビルミニマム」の視点から地域社会を計画的にとらえた一番ヶ瀬康子らの概念規定を発展させ、空間・施設の系と時間・人間関係の系を子どもの年齢段階に応じたひろがりを視野に入れつつ総合的に把握したものである。その後の子ども研究の方法論の基礎を築いたすぐれて体系的な概念規定といえる。

また、高橋の「自己形成空間」は、発達論の教育哲学的検討から教育概念を拡張させ、他者・自然・事物とのかかわりや経験をとおして自己を形成していく意味空間として、社会的・共同的な関係を包摂する概念形成をこころみており、新たな示唆をあたえている。

本書では、このような子どもを中心として把握されてきた地域社会の概念をふまえつつも、子育てをつうじて共同、協力する大人の主体的なかかわりかたがいっそう重要になっていると考え、大人がどのように子どもたちとともに生き、活動しているかという、相互の共同的な関係性の発展に焦点をあてて概念化をこころみている。ここでは環境的な要素とともに、それに働きかけ、環境を自分たちのためにつくりかえていく、地域社会の多様な実践的な営みにより重点をおいたとらえかたをしている。

なお、「子ども」という用語については一般にいわれる一八歳未満という児童福祉法による通念をふまえながら、子ども・青年、青少年、中・高校生、若者など、それぞれの年齢や活動の主体に応じた用語の使いわけをおこなっている。少年・少女、女子青年などの区別はせず、両性をふくむ用語として用いている。また、本書でしばしば言及されている「社会的な自立」についてはその基準はあいまいである。とくに年齢では一律には規定できないが、大人にたいする相対的な特質として、子どもにとっては社会的に自立すること（一人前になること）が生きていく過程そのものの目的として意識される基本課題であり、子どもの価値観や人格形成に影響をあたえている課題であるととらえている。

さらに本書では、もうひとつのキー概念として「参加」「参画」を用いている。この用語は社会学、政治学の概念として多義的に用いられている。「共同」は人と人との関係性を軸としてなりたつといえるが、「参加」「参画」は、社会集団や組織、公的機関や行政などの社会システムにたいして、個々人が関与するしかたをあらわしているといえる。

本書では、「参加」という概念を「個々人が社会との関係性をみずから選び取る価値的な志向性をふくむ行為」ととらえ、意見表明や集団の一員として活動するような日常的な参加から、社会的・制度的な決定過程に影響をおよぼす参画のレベルまで、多様性をもった「参加」(participation) の諸相をふくんで用いている。ここでは、「まきこむこと・動員」(involvement, mobilization)、「順応」(conformance)、「関与」(commitment)、「協力」(collaboration, cooperation)、「表明」(expression)、「主張・弁護」(advocacy)、「提案・計画」(proposition, programming)、「決定・解決」(decision, resolution)、「対決・対抗・抵抗」(confrontation, opposition)、等々の複雑な葛藤の過程がみられる。

「自発的参加」という用語も使われているように、参加が常に自発的とはいえず、また、制度的なレベルでは、権限がどこまで付与されているかによって、参加のしかた、度合いがあらかじめ制約されていることも参加の課題といえよう。自治という名の参加が特権的・専門的な階層や集団によって占有され、ほかの社会集団の意見反映の排除などをつうじて、官僚的支配や説明責任を欠いた権限行使となっている場合もある。住民投票などのように、参加制度の枠外から新たな参加制度を形成していく住民参加運動も、住民の生存権にかかわる重要な意味をもっている。その意味で、何のための参加か、どのようなシステムにたいして誰によって主張されている参加かという、社会的・政治的な目的や方法・主体の問題を明らかにすることが重要といえる。

「参画のはしご」によって、子どもの参加を分析的にとらえているロジャー・ハートは、大人との関係において、子ども自身が次第に自立的・主体的な判断をもつようになる参加の質的な深まりの過程に注目している。(14)「操り」参加や「お飾り」参加、形だけの参加を「非参画」ととらえ、「情報を与えられ、仕事を割り当てられている」、「大人がしかけ、子どもと一緒に決定する」、「子どもが主体的に取りかかり、子どもが指揮する」段階を経て、「子どもが主体的にとりかかり、大人と一緒に決定する」ことを参画の最高段階においている。ハートは、大人との共同にいたる子どもの自立過程を「子どもの参画」ととらえているということができるであろう。

しかし、ここでの「大人」は具体的な活動のなかで子どもたちに相対する人としての「大人」であるばかりではない。「大人」という用語には、大人の側から価値付けされ、運営されている社会の組織や制度もふくまれていることが見落とされてはならない。そして、個々の大人自身がこのような組織や制度から疎外されており、みずから参加を求めて働きかけていかなければならない課題がある。その意味では大人がまず参加、参画の主体とならなければならないという問題がハートの「子どもの参画」論の前提となっているといえるのである。

「参加」は、「子どもが育つ地域社会」と同じように分析の対象となる社会的な実態であるとともに、「自治と参加」の法理念として表現されるように、あるべき理想（当為）として蓄積されてきた価値的な概念でもある。学校・家庭・地域の連携という現代の教育政策の推進において、参加は重要なキー概念となっており、参加促進のための教育の計画化も課題となっている。本書では、このような実践的な葛藤をふくむ参加を、とくに地方自治における住民参加と地方教育行政における教育参加の概念に関連づけて価値的にとらえるとともに、現実の場面での参加の多様な実態を分析し、そこにおける課題を明らかにしようとつとめている。

以下の各章では、青少年・文化団体、ＮＰＯなどのそれぞれの活動とネットワーク形成をふまえ、家庭・地域の教育力の回復をめぐる子ども・大人の共同と参加・参画の可能性を問い、さらに学校・地方自治体との協働関係の形成、子育て・子育ちへの公共の支援のありかたを検討する。「子どもが育つ地域社会」をどう築いていけるか、地域教育計画としてのビジョンと担い手の問題についてほりさげることが本書の課題である。

（1）『宮原誠一教育論集』第五巻「教師と国民文化」国土社、一九七七年所収、九二頁。（宮原誠一『教師論』要書房、一九五〇年、一二三頁。）
（2）藤田英典『教育改革』岩波新書、一九九七年、一二六〜一四七頁参照。
（3）「学社融合」は「学校教育と社会教育がそれぞれの役割分担を前提としたうえで、そこから一歩進んで、学習の場や活動など両者の要素を部分的に重ね合わせながら、一体となって子供達の教育にとりくんでいこうという考え方」とされる（生涯学習審議会答申『地域における生涯学習機会の充実方策について』一九九六年四月）。
（4）『世界』（特集「学力低下」）二〇〇〇年五月号、岩波書店。大野晋・上野健爾『学力があぶない』岩波新書、二〇〇一年、など参照。
（5）川上亮一『学校崩壊』草思社、一九九九年。
（6）教育改革国民会議『教育を変える一七の提案』二〇〇〇年一二月二二日。
（7）佐藤一子「『青少年奉仕活動の義務化』批判」『教育』二〇〇一年六月号、国土社。
（8）育児不安とは、「地域・家庭・学校において産育文化が潜在化してしまった現代社会に構造的な基盤をもっており、一九七〇年代以降、広範に現れた現象である。（中略）現代の期待される育児水準はきわめて高く、子どもの発育が標準値から少しでも劣っていないか、早期教育に乗り遅れないかという親の焦りを生みやすい」ととらえられている。庄司洋子他編『福祉社会事典』弘文堂、一九九九年、二九頁。
（9）宮原誠一「社会教育の本質」『宮原誠一教育論集』第二巻「社会教育」国土社、一九九〇年所収、一五〜一七頁。(宮原編『社会教育』光文社、一九五〇年、三二～三四頁)。

(10) 同右、『宮原誠一教育論集』、三二～三三頁。

(11) 藤本浩之輔『子どもの遊び空間』NHKブックス、一九七四年。

(12) 増山均『子ども研究と社会教育』青木書店、一九八九年。

(13) 高橋勝『子どもの自己形成空間』川島書店、一九九二年。

(14) ロジャー・ハート著、木下勇他訳『子どもの参画』萌文社、二〇〇〇年、四二頁。Roger A. Hart, *Children's Participation: The Theory and Practice of Involving Young Citizens in Community Development and Environmental Care*, UNICEF, New York, 1997. なお、この訳書ではparticipationが「参画」という訳語に統一されているが、本書では組織、集団、活動などへの日常的な「参加」と公的機関の事業や運営への「参画」を使いわけ、ニュアンスのちがいをふくませている。

# I章　子育て困難から共同の子育てへ

児童は人として尊ばれる
児童は社会の一員として重んぜられる
児童はよい環境のなかで育てられる

「児童憲章」（一九五一年）

## 1　子育て困難の社会的共有

共同の子育て、あるいは子育て協同という表現で地域の父母・住民の子育てのとりくみが活発になるのは、一九七〇年代初め頃からである。その後、八〇年代後半から現在にかけて、子育て不安はますます深まり、子育ての社会化の必要性を指摘する世論は高まっている。しかし、実際には母親相互のあいだに孤立感や断絶が深く、「子育てを共同で」といっても、地域の子育てグループにみずから参加することは簡単ではなくなっている。公園デビューなどの機会をもつことは多いが、そこから真に協力、共同する日常的なささえあいの関係を形成するまでには、さまざまな試行錯誤がある。七〇年代以降の共同の子育て、子育て協同を継承しながらも、現在課題となっている子育てネットワークや子育て支援のとりくみには、主体・形態・方法上の新たな変化があるといえるであろう。

共同の子育てや子育て協同は、地縁的なつながりの再生をつうじて地域の教育力を高めたり、任意のグループや団体が自主的に文化・スポーツ活動などをおこなうという形態が多かった。今日では子育てを支援する学童保育所・児童館・サポート施設や公民館などの公共施設が重要な役割をはたしている。また子育てをテーマとするNPOや協同組合・ボランティア団体などの事業体が、親子の居場所づくりやサポートのサービスをおこなうケースも増大している。そのなかで市民団体・任意のグループと公的機関との相互の連携をどうシステム化するかというネットワークづくりの問題も生じている。

少子化時代の今日、時間的・経済的ゆとりがうまれているにもかかわらず、子育ては豊かな社会の困難や苦悩を象徴するような問題となっており、福祉行政による支援の対象として、また、まちづくりの課題として政策的な対応を求められている。厚生省（現厚生労働省）が九〇年代半ばから推進したエンゼルプランがこうした公的支援のきっかけとなり、文部省（現文部科学省）その他の省庁の施策も推進されるようになった。

他方で、子育てはあくまでも個々の家庭の私的な営みであり、子どもをどう育てていくかという問題は、保護者の価値判断や生活の自律性によっている。児童虐待の事実が公的機関に把握されていながら、子どものいのちを守ることさえ後手にまわるという実態にみられるように、子どもが社会的に保護される権利と親権とは限界状況においても対立する。子どもの権利条約で子どもの主体的な権利の行使が強調されながら、あらためて家庭の養育責任の重要性が指摘されていることは、家庭・家族問題が国際的に大きな関心となっていることを示している。

子育てや家庭教育への公的支援は、あくまでも市民的自由や家庭の養育責任を侵害しない範囲での支援という性格をもつべきである。それだけに子育てをめぐっては、社会的な共同性、すなわち親責任の自覚にもとづく市民相互の自発的な共同と相互支援が本来的な重要性をもっているのである。

本章では、子育ての困難を、親・保護者が自発的に共同して解決すべき社会的な問題であるととらえ、課題の共有化や問題解決能力の形成をつうじて、地域社会における子育ての共同性をどう発展させていくことができるか、また子育てや子どもの自立がいかにして地域社会全体の支援の課題としてとらえられるようになるかという点に焦点をあてて、地域における子育ての共同・協同運動や公的機関をふくめたネットワークづくりの課題を考えてみたい。

## 2　いのちの豊かさを実感しうる「親密圏」

### 社会の砕片化といのちの豊かさ

九〇年代をつうじて少年事件があいつぎ、日常的ないじめ、暴力、児童虐待、学級崩壊、ひきこもりなどの子どもたちの困難な生活世界がクローズアップされてきた。その背景に、青少年の目標喪失感、自立への自己決定意識をもちにくい浮遊感、暴力化しやすいイライラ感がひろがっている。中西新太郎は、そうした状況を「縁辺化される若者たち」と表現している。企業社会の構造的再編のもとで親のライフコースのような社会的上昇をたどることができなくなり、心理的な閉塞状況に追いつめられていく社会構造的な問題があると指摘している。(1)

神戸少年殺害事件のあとNHKが取材してまとめた『14歳・心の風景』のなかで、ある少年が「オレたちって喜怒哀楽がそう激しくないんです。ひどく寂しいとか、悔しいとかおもったことない。ムカつくというのが、唯一オレたちの感情表現なのかな？」とのべている。[2] 自分自身を「透明な存在」と感じる実感の乏しさは、この事件にある種の共感をもつ世代の共通感覚といえるのであろう。

生き残りをかけたリストラ社会、急速な情報化の進展、子どもたちの生活に浸透する個人消費と金銭感覚、小・中学校段階で選別される競争的な学校など、子どもたちの生きる社会は過度の刺激とストレスに満ちている。だからこそ、オーディオ器具のあふれる自室や大人の目から解放された夜の公園、カラオケボックスなどが、癒しを求めてすごす居場所となる。それは一見、自分たちの自由を味わえるような居場所ではあるが、カプセルのように閉じられた空間における自由でしかない。砕片化された社会においては、人間としての自己の社会的発現と相互交流によって実感する生きかたの多様性や、喜怒哀楽の情感を直接的に経験し、確認する機会が乏しくなり、いのちのモノ化が日常感覚としてひろがっているのである。

さらに親になる過程では、若い母親が核家族のなかでの育児という役割を差別的に背負わされ、夫や両親とも十分な対話をもてずに孤立して、子どもや友人との関係で「思いどおりにならない現実」にイラだち、閉塞状況に陥っている。親自身も自己実現の可能性を追求しながら、子育て期をつうじていかにして人間らしい豊かさを実感し、共同的な関係を形成していけるのか。現代の砕片化する社会における子育て・子育ちには、親世代の社会的関係性の発展と、若者・子どもの自分さがしの課題が、重層的にあらわれているといえるであろう。

### 「親密圏」の再発見と子育ての共同

九〇年代の地域の子育てグループ活動、若者の居場所づくり、地域社会への参画の動向などに注目すると、社会にむけて意見表明する子どもたち、ボランティア活動や平和・人権問題にとりくむ青年たち、子育てネットワークの担い手として活躍する母親たち、「人生第三期」を自己実現と社会参加をつうじて充実させたいと願う高齢者たちが、個性豊かに自分らしい生きかたを模索しており、その活動は地域から社会を変えていく発想に結びつきつつある。

不登校やひきこもりの長く閉ざされた生活から一歩踏み出す過程を寛容に見守ることのできる、親密で信頼しうる第三者の存在は、恢復途上の子どもにとってかけがえのないささえである。ハンディをもつことを多様性や個性によるいのちの豊かさとしてとらえられるような人間観が、これからの社会に求められている哲学であるといえよう。

ハンナ・アレントは『人間の条件』のなかで私的な生活のなかにあった「親密さ」が全体主義的な大衆社会によって浸食され、失われつつあったことに注目して「親密圏」の問題を論じている。[3]「親密圏」は、「具体的な他者の生／生命への配慮・関心によって形成・維持され」、抽象的な他者ではない、「間-人格的（inter-personal）」な、「身体性をそなえた他者」との関係をとりもどすことの過程において意義をもつとされている。[4]

具体的で身近な人間との共感関係のもとで肯定できる自分を見いだし、自立への力となるとき、社会とむきあう生きかたが獲得される。このような「親密さ」は本来「私」の領域に保全されていたが、現代の消費的な大衆社会のなかで拡散し、日常的な空間から消えつつある。こうした状況のもとで、「親密圏」は自分さがしをする居場所として、エンパワメントの源として、「公共圏」（共通関心領域）とのフィードバックをおこなう根拠地として、再発見されるべき人間的な関係性であるといえる。

「親密圏」が「公共圏」から逃避するミーイズムのよりどころとなったり、カルトなどのような虚構的な埋没の場になりうることも事実である。共依存によって自立を妨げるような過保護や虐待なども、そのゆがんだ代償といえるであろう。

しかし、教える・学ぶという教育的な関係の基礎として、いのちの豊かさをとりもどす自己の恢復過程とそれをささえる「親密な関係づくり」が必要不可欠になっており、そのことは、九〇年代にひろがる「居場所」や家庭と学校をつなぐ「中間施設」の必要性にも関連している問題である。

孤立した家庭やカプセルのような閉ざされた居場所を開いていくために、砕片化された社会の中間的な地点に相互をつなぐ「親密圏」を形成することが共同の子育ての課題となっている。ここでは、家庭の子育ての社会化と地域社会による支援という双方向からの「公共圏」の形成が求められている。子育てネットワークは、そうした関係性の豊かさをとりもどす地域創造的な意味をもつといえるであろう。

## 3　子育ての社会化とその支援

### 子育て不安の意識構造

高度経済成長期以前に子ども期をすごした世代は、子育てに苦労したという経験はあっても子育て不安という不透明な苛立ちや孤立感については、あまり実感がもてないのではなかろうか。

児童心理学などの専門領域で「育児不安」という用語が使われるようになったのは一九七〇年代後半以降である。「育児不安」は乳幼児を育てる時期に特有の不安を意味して使われることが多く、それにたいして「子育て不安」は中・高校生、あるいは特殊には成人する頃までの問題や子育ての社会的課題など、より広義の意味で使われることが多い。この問題が子育ての当事者である母親たちにもひろく実感され、マスコミ等でとりあげられるようになったのは、九〇年代にはいってからであろう。現在、子育て支援ネットワークを関西で推進している服部祥子・原田正文らの「大阪レポート」（一九九一年）が社会的な問題提起のきっかけとなった(5)。

一九九六年に『現代のエスプリ』で特集された「子育て不安・子育て支援」によれば、子育て不安は、「育児中に激しい苛立ちを自覚する」「子どもはもたないほうがよかったとさえおもう」という気持ちが多くの母親に共有されており、育児にたいするネガティブな感情が強いことから生じているととらえられている。神奈川県の乳幼児をもつ母親の調査では、育児中におさえがたい「いらだち」を感じる母親が五分の四にものぼるという結果が報告されている。母親のこのようなネガティブな感情は、近隣との付きあいが少なく長時間子どもと母親だけですごす環境、夫や実家の協力がえられないことなど「孤独、孤立化」によって促進されているとみられる(6)。

こうした孤立感や不安感は、働いている母親よりも育児に専念し、子どもとの接触時間の長い専業主婦のほうが強いことも多くの調査で指摘されている。働く母親たちの苦労ももちろん大きいが、専業主婦はひとりで背負い込むことからくる精神的な不安が物理的な困難よりも強く意識されやすい。

二〇〇〇年度に東京都教育庁生涯学習部がまとめた「子育て中の女性の意識と学習支援のあり方」に関する調査(7)では、〇歳から九歳の子どもをもつ母親の子育て意識と支援の課題がとらえられている。

この調査では、約六割の母親が無職（専業主婦）と回答しているが、図1のように約八四パーセントの母親は子育てを楽しんでいると答えており、その比率は有職者、無職者ともあまり大きなちがいがない。楽しい理由として問1‐1に示されるように、子どもと一緒に生活することをつうじて母親自身も発見したり、喜びを感じることが多いことがあげられている。

他方、子育てが楽しくないという理由としてもっとも多かったのは、問1‐2にみるように子どもにふりまわされてイライラするという回答で、生活の多忙感や具体的な心配ごとよりも、やはり心理的なイライラ感が大きいことがうかがわれる。同調査によるとイライラ感は、有職者が四八・五パーセントにたいし、無職の母親が六五・二パーセントとかなり高く、反対に有職者のほうは、生活の多忙感を理由にあげているものが六二パーセントとなっている。イライラ感は時間にゆとりのある専業主婦により顕著にあらわれている悩みといえる。

また、子育てについて悩んだ経験は六八パーセントの母親がありと答えているが、子育てを楽しんでいる人と楽しんでいない人とでは、悩みの内容が図2のようにことなっていることが注目される。楽しんでいない人の場合、悩みとして顕著なのは子どもがいうことをきかないのでイライラしたり、たたいたりすることであり、子どもの気持ちがわからないという回答も子育てを楽しんでいるグループとくらべてかなり多いことがわかる。

調査では子育てが楽しくない理由が母親の年齢別にクロス集計されているが、その結果、図3にみるように二〇代の若い母親にとってはやりたいことがやれないという自分との葛藤が大きいこと、子どもが大きくなっている四〇代の母親にとっては子どもについての心配ごとが多いという対照的な要因があることが示されている。他方、イライラ感や多忙感、親としての自信のなさは、年齢にかかわらず母親一般に共

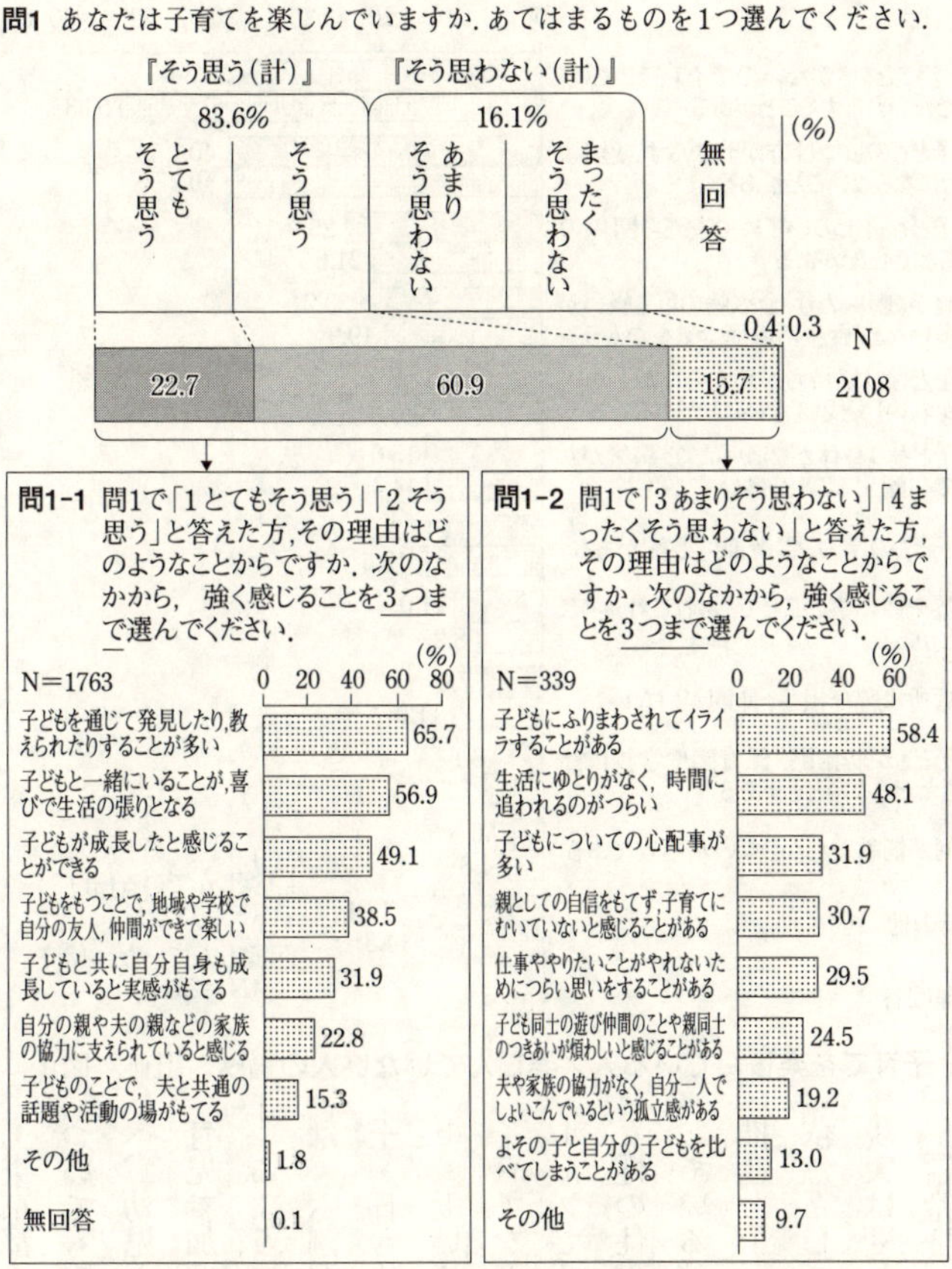
問1 あなたは子育てを楽しんでいますか. あてはまるものを1つ選んでください.
『そう思う(計)』 83.6%
『そう思わない(計)』 16.1%
とてもそう思う
そう思う
あまりそう思わない
まったくそう思わない
無回答
(%)
22.7
60.9
15.7
0.4
0.3
N
2108
問1-1 問1で「1とてもそう思う」「2そう思う」と答えた方,その理由はどのようなことからですか. 次のなかから, 強く感じることを3つまで選んでください.
N=1763
(%)
0 20 40 60 80
子どもを通じて発見したり,教えられたりすることが多い 65.7
子どもと一緒にいることが,喜びで生活の張りとなる 56.9
子どもが成長したと感じることができる 49.1
子どもをもつことで, 地域や学校で自分の友人, 仲間ができて楽しい 38.5
子どもと共に自分自身も成長していると実感がもてる 31.9
自分の親や夫の親などの家族の協力に支えられていると感じる 22.8
子どものことで, 夫と共通の話題や活動の場がもてる 15.3
その他 1.8
無回答 0.1
問1-2 問1で「3あまりそう思わない」「4まったくそう思わない」と答えた方,その理由はどのようなことからですか. 次のなかから, 強く感じることを3つまで選んでください.
N=339
(%)
0 20 40 60
子どもにふりまわされてイライラすることがある 58.4
生活にゆとりがなく, 時間に追われるのがつらい 48.1
子どもについての心配事が多い 31.9
親としての自信をもてず,子育てにむいていないと感じることがある 30.7
仕事ややりたいことがやれないためにつらい思いをすることがある 29.5
子ども同士の遊び仲間のことや親同士のつきあいが煩わしいと感じることがある 24.5
夫や家族の協力がなく, 自分一人でしょいこんでいるという孤立感がある 19.2
よその子と自分の子どもを比べてしまうことがある 13.0
その他 9.7

図1　子育ての楽しさ／子育てが楽しい理由／楽しくない理由
出典　注(7)参照.

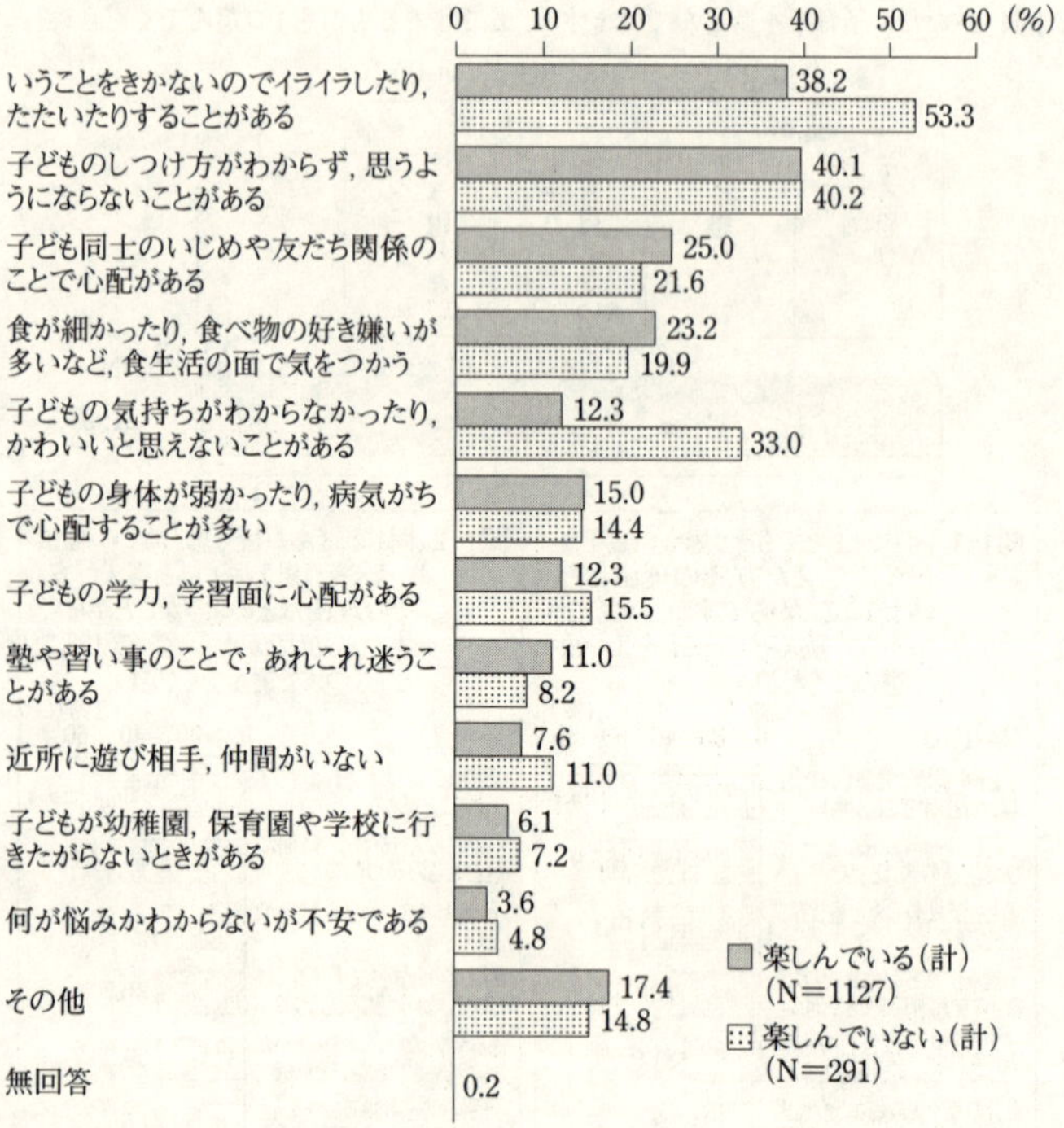


図2　子育てを楽しんでいる人／楽しんでいない人の悩み　出典　図1に同じ.

通する子育ての悩みである。

東京都の調査では夫の育児参加についても質問している。以前にくらべ、幼児をもつ夫婦のあいだで夫の育児参加はある程度ひろがってきているように思われるが、この調査では、六割弱の夫の帰宅時間が遅く、土・日も仕事という夫が約二七パーセントいるという結果がでている。子育てを楽しんでいないと答えたグループでは、それに加えて「育児は女性の仕事」と考える夫が三割に達している。社会的な男女共同参画の推進と子育ての実態に落差があり、依然として育児は女性という生活の現実は変わっていないことがわかる。

『現代のエスプリ』の特集では、団塊の世代以降の母親たちが母性神話にとらわれずに自分を表現できるようになったというポジティブな面にも注目している。[8] 女性の自立心や自己実現要求の高まりがみられる。東京都の調査でもやりたいことがやれないという特有の葛藤が若い母親たちにあらわれている。そのことは、画一的なモデルにしばられない自由な生きかたを指向する気持ちと、育児における性的役割分業を余儀なくされた孤立した生活とのギャップからうまれていると推察さ

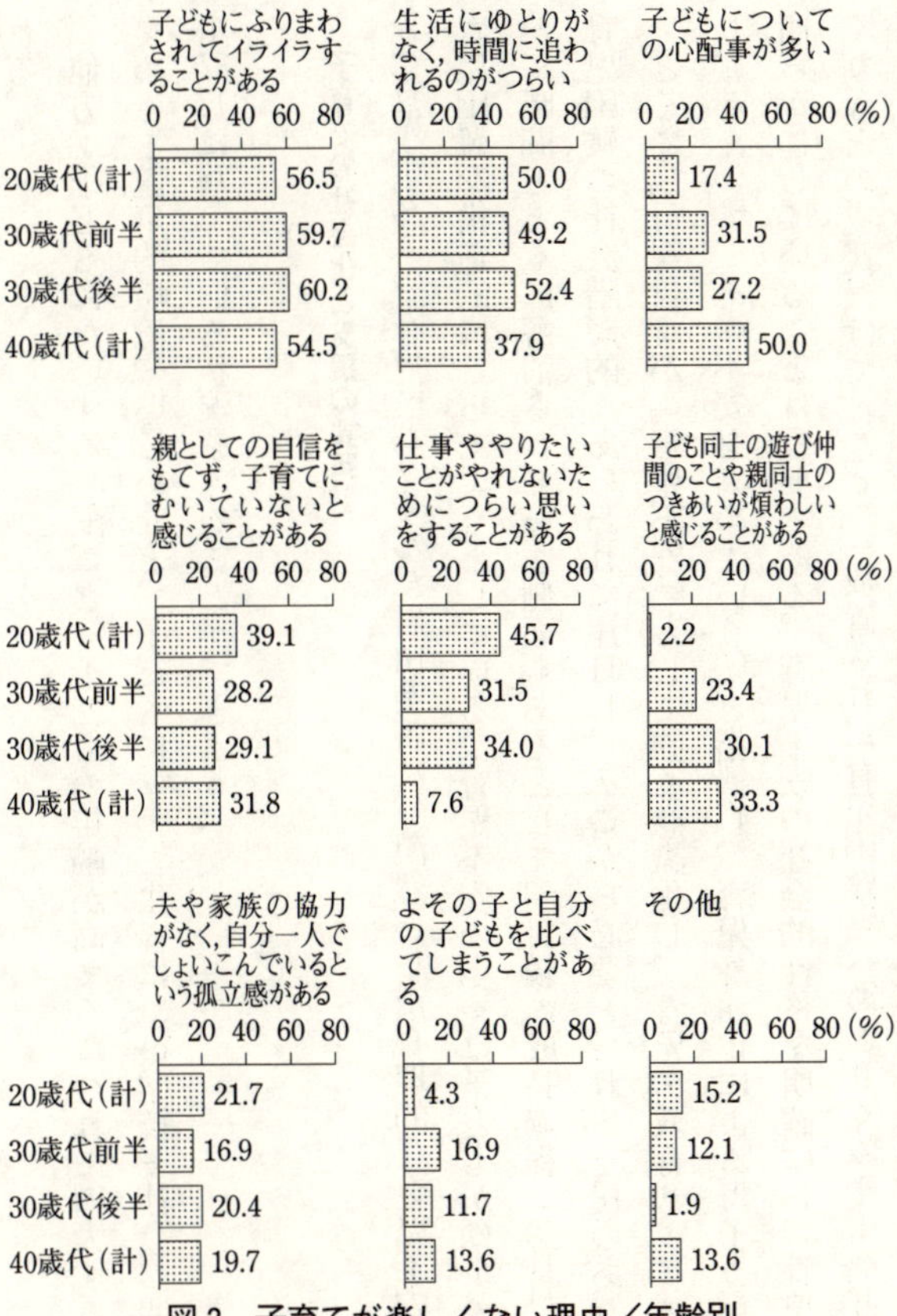


**図 3　子育てが楽しくない理由／年齢別**

出典　図１に同じ．

れる。

他方、子どもにたいする心配ごとは子どもの年齢が高まるにつれて増大するが、ここには子どもの教育をめぐる競争的環境やいじめなど、子どもにとって生きにくい学校や社会の問題が、母親自身の意識と二重写しになっている状況をみることができよう。

### 子育ての社会化と支援の課題

「育児不安」の分析にとりくんだ岩田美香は、漠然とした心理的な育児不安と育児困難とを区別して、育児困難を構造的にとらえようとしている。育児不安の多くは子どもが幼少の頃一般的に母親が抱き、やがて時間とともに解消されていく側面もあるとして、母親の成長過程（「育自」）に即した縦断的な分析や育児困難の社会階層的なあらわれに注目し、そこから必要とされる支援のありかたを考察している。

とくに「母親自身が『育児不安』として強く意識化し、育児・教育サービスを購入することで解決を図り、かえって、その不安を高めていく」と指摘し、育児外注化による母子カプセル化の傾向があることを明らかにしていることは重要である。育児不安の社会的性格を明確にし、育児サークルやネットワークづくりなどの支援だけではなく、「放置された育児困難」へのとりくみや生活基盤の充実、専業主婦を対象にした保育施設や育児教室など、現実課題に応じた支援が必要であるとのべている。(9)

東京都立教育研究所がおこなった「今後の地域社会の教育的役割に関する研究」(10)は、「保護者自身の日常的な養育態度や行動に対する自己意識や自覚」を「家庭教育における『振り返り』」ととらえ、保護者同士の学びあいと高めあう関係づくりに焦点をあてた興味深い調査である。ここでは振り返りの大きいグループと小さいグループによって家庭教育のとらえかたがどのようにことなるかを図4のように対照している（項目は相違の大きいものを筆者が選択した）。振り返りの小さいグループにおいて、子どもを育てることがわずらわしいという回答がほぼ九割近くに達していることは、特徴的な意識構造といえよう。

この調査では、「振り返り」を高める方策を家庭教育支援の要点とし、具体的に以下の八項目を「開かれた家庭」のありかたを規定する条件であるとしている。

（1）　他の親子と一緒に活動する機会をもっている。

（2）　子育てについて何でも率直に相談できる人がいる。

（3）　気軽に子どもを預けたり預かったりすることがある。

（4）　子育てについて話したいことがたくさんある。

（5）　子育ての悩みを一人で抱え込まない。

（6）　自分の家の子育てについて他の人にも話す。

（7）　公民館や児童館など地域の施設を利用している。

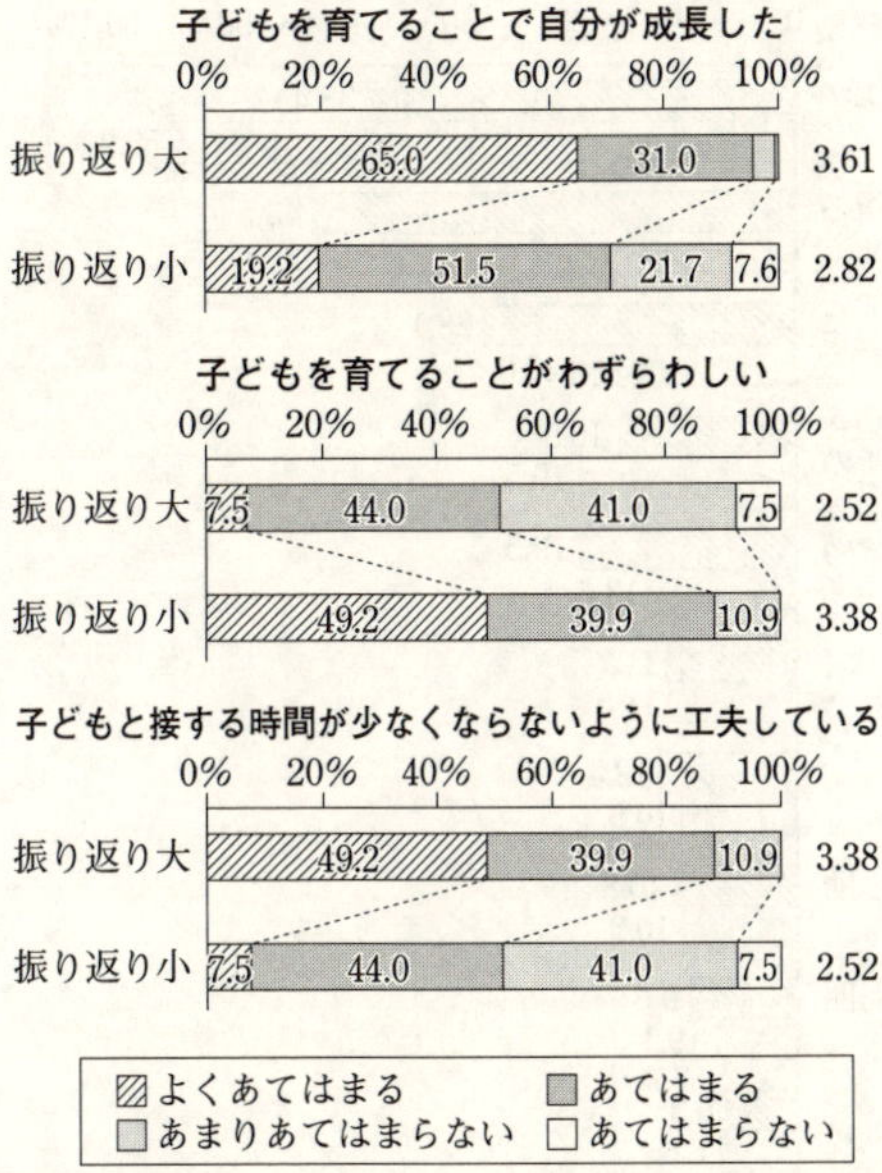


図4　「振り返り」の大小による子育て観のちがい
出典　注(10)参照.

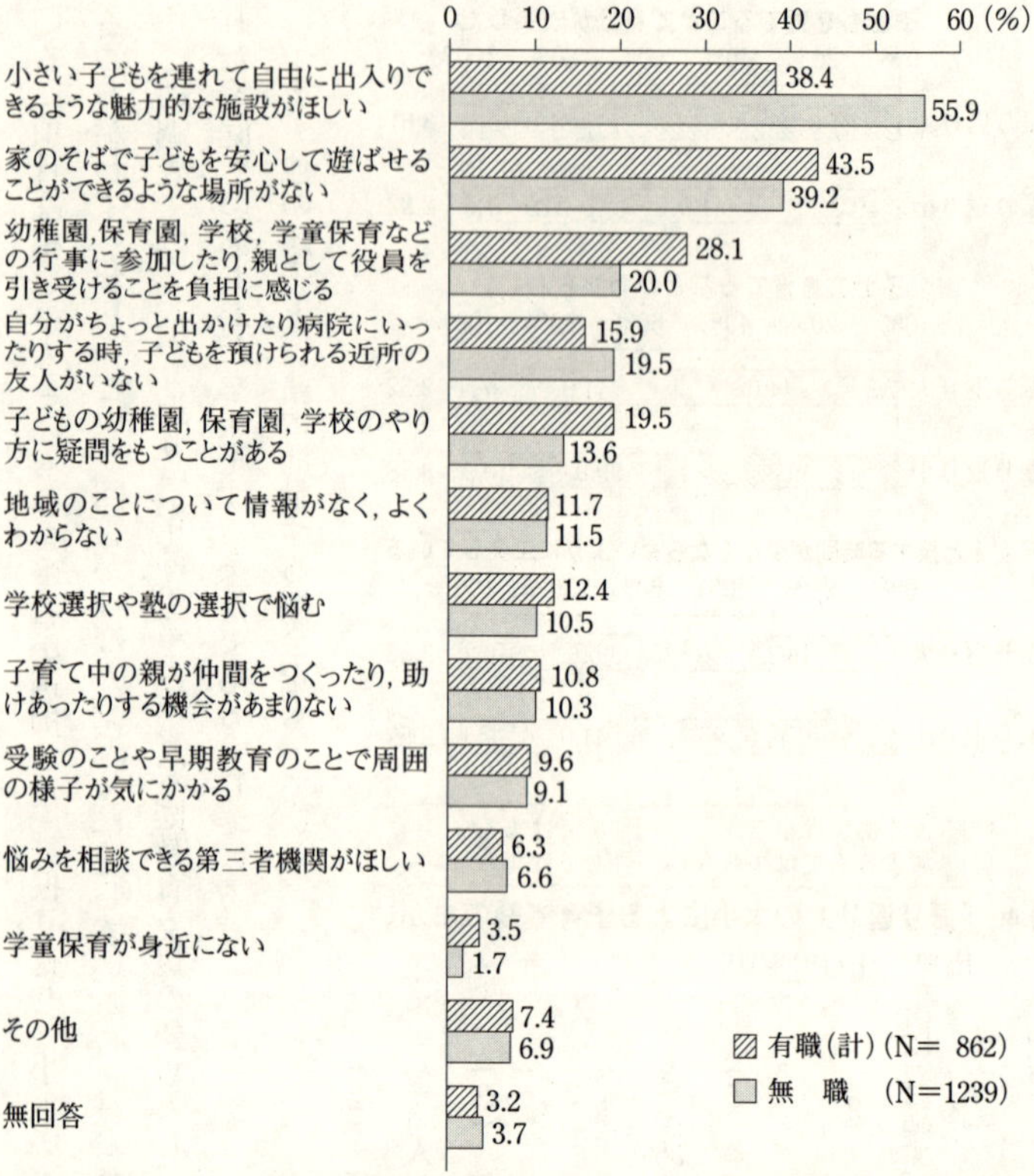
0 10 20 30 40 50 60 (%)
小さい子どもを連れて自由に出入りできるような魅力的な施設がほしい
38.4
55.9
家のそばで子どもを安心して遊ばせることができるような場所がない
43.5
39.2
幼稚園,保育園,学校,学童保育などの行事に参加したり,親として役員を引き受けることを負担に感じる
28.1
20.0
自分がちょっと出かけたり病院にいったりする時,子どもを預けられる近所の友人がいない
15.9
19.5
子どもの幼稚園,保育園,学校のやり方に疑問をもつことがある
19.5
13.6
地域のことについて情報がなく,よくわからない
11.7
11.5
学校選択や塾の選択で悩む
12.4
10.5
子育て中の親が仲間をつくったり,助けあったりする機会があまりない
10.8
10.3
受験のことや早期教育のことで周囲の様子が気にかかる
9.6
9.1
悩みを相談できる第三者機関がほしい
6.3
6.6
学童保育が身近にない
3.5
1.7
その他
7.4
6.9
無回答
3.2
3.7
有職(計) (N= 862)
無 職 (N=1239)

図 5 就業状況別／地域や幼稚園・学校についての意見 出典 図 1 に同じ.

（8）サークルやグループ活動に参加している。

東京都教育庁生涯学習部の先の調査で地域・幼稚園・学校等への意見をみると、図5のように、小さい子どもを連れて自由に出入りできる魅力的な施設を求める声が圧倒的に多い。この要望は〇～二歳の子どもをもつ親については六七パーセントに達しており、有職者よりも専業主婦にとって切実である。また、自分がちょっと出かけるとき、預けられる近所の人がいないということも有職者より専業主婦にとって切実な問題であることがわかる。

以上のような調査や研究から、現代の子育て不安に対処する支援方策として、第一には母親・保護者みずからの振り返り、主体的な自覚を高める過程が重要であり、そのことは家庭の子育てを地域に開いていく社会化のプロセスをともなっているといえる。

第二に、働く母親の子育て支援と専業主婦の子育て支援はことなる側面があり、とくに乳幼児をもつ専業主婦の場合は、身近な地域の子育てサークルだけではなく、子連れで参加できる出入り自由な許容範囲の広い施設や、短時間でも子どもを預けて自分のやりたいことをやれるような機会を求めていることが注目される。しかし、同時に母親のネットワーク形成が自分の子どもと他の子どもを比較する競争圧力となり、公園デビューや子育てサークルへの参加が、外見上の社会化にもかかわらず、逆に子育ての孤立化を深める要因ともなりうることも見落とせない。[11]だからこそ、子育てサークルの運営に際して、母親たちの自立的で相互学習的な成長と交流が重視されなければならないのである。

第三に、子育て不安が心理的な育児不安に解消されたり、母性神話の復権を招くことなく、社会的な問題として認識されなければならない。とくに子育て中も母親自身が自己実現できるような機会をもって生活していることや、父親の子育て参加のための具体的な方策、専門家もまじえた学習機会の拡充など、母親だけの育児から、育児・育自の共同化にむけて社会環境を人間化していくような支援態勢が必要である。育児不安、子育ての悩みが母親たちに広く共有されていることは、さまざまな調査から浮きぼりになっている。そこでは母親自身の「育自」、「振り返り」、親としての学びの過程と社会的・公共的な支援がどう適切に組みあわされるべきかが課題となっている。しかし夫の帰宅が遅く、子育てに参加できていない現状は変わっておらず、母親のみの育児を前提とした支援という根本的な限界は解消されていない。子育て文化と社会環境を主体的に創造していけるような親の参加、社会化過程が重要であり、それを適切に支援する方策が求められている。

## 4　共同の子育てと子育てネットワーク

### 子育ての共同・協同運動の展開

子育てを、家庭の限界をこえた地域社会の共有財産としての環境や文化に基礎をおく社会的な営みととらえるとき、いのちの豊かさを実感できる「親密な関係づくり」を手がかりとして、父母・住民みずからが子育てを社会化・共同化していく過程が、これまでどのように展開されてきたかが注目される。

高度経済成長期以降ひろがってきた教育文化運動は、自治体・学校などにたいする要求実現的な性格から、任意団体による遊び・文化活動や、子どもの人権擁護、当事者のセルフヘルプと相互連帯のよりどころとなる居場所づくり、さらには多様なグループが連携する子育てネットワークへと、多彩なひろがりをもつようになってきた。こうした地域の共同の子育てのなかで、「協同」の思想をはぐくんできた教育文化運動をあとづけてみよう。

協同運動は産業革命期の社会運動の発祥とともに発展した。労働者家族の生活連帯の場である協同組合などがその具体的な組織である。日本でも戦前のセツルメント運動や生協運動において、子育て・教育協同運動といえる保育所や子ども会が誕生している。戦後の系譜をたどると一九六〇年代にひろがる共同保育所、一九七〇年代後半から急増しはじめた学童保育所設置運動が原点となっている。ここでは早くから注目されていたように、子育ての願いの協同事業化、すなわち発達保障のための自立的な経済活動が探求されており、子どものいのちをはぐくむ福祉文化的な協同の発展があった。[12]

生活協同組合は一九七〇年代頃から都市部にひろがり、組合員の子育て活動を推進してきた。日本生活協同組合連合会では、一九七九年に子どものための生協活動のとりくみを方針化している。

生協運動の先達者賀川豊彦は、一九二〇年代半ばから子どもの権利として「生きる権利」「食う権利」「眠る権利」「遊ぶ権利」「指導してもらう権利」「教育を受ける権利」「虐待されない権利」「親を選ぶ権利」「人格としての待遇を受ける権利」という九つの権利があることを提唱し、戦前から「子どもの会」や「仲好し会」を組織してきたことで知られている。[13]　協同組合運動草創期の子育て・教育思想が現代の教育荒廃の時代によみがえり、継承されてきた。

たとえば、家庭の食文化や学校給食問題、食品添加物や環境問題の学習、生活文化的な行事、農産物産地への親子参加、農業体験学習などの子育て・生活文化活動がおこなわれている。なかでも九〇年代初頭に日本生活協同組合連合会が実施した子どもの「孤食」に関する調査は、大きな社会的反響があった。この調査では、食事風景を子どもたちに描かせながら孤食の実態をさぐっているが、一九九二年に朝食をひとりで食べている子どもが二三パーセントで、親不在の子どもたちだけの朝食を合計すると四三・五パーセントという結果がでている。[14]

図6に描かれているように、食事風景の殺風景なこと、食卓の食品数も限られてインスタント食品中心になっていること、食事中のコミュニケーションがないことなどが浮きぼりにされている。家庭崩壊などの社会問題化の背後に、家族関係の希薄化、共同的な生活の喪失という状況がひろがっていることが推察される。[15]

このような調査や活動は、子どもたちの生活・文化状況の悪化にたいして多くの人びとが不安をいだいている状況を反映している。反面では、社会的なふれあいのなかで人間的な感性や生活力を身につけた子どもたちを育てたいという父母・住民の願いが、かつてなく高まっていることのあらわれでもある。商品を共同購入する消費的な協同組合活動の場で子育ての問題が共有化され、新しい生活様式が探求されてきたといえるであろう。

## 子育てネットワークへの発展

「子育ち学」という新たなアプローチを提唱した共同研究のなかで、小木美代子は子育て・子育ちの動向が三つの段階を経て推移してきたととらえている。

第一期は「戦後まもなくの頃、教師主導でつくられた子育て・子育ち運動・組織づくり」の時期。第二期は「一九七〇年代のまったく自分たちで自主的目的的に子育て・子育ち組織づくりに取り組んできたお

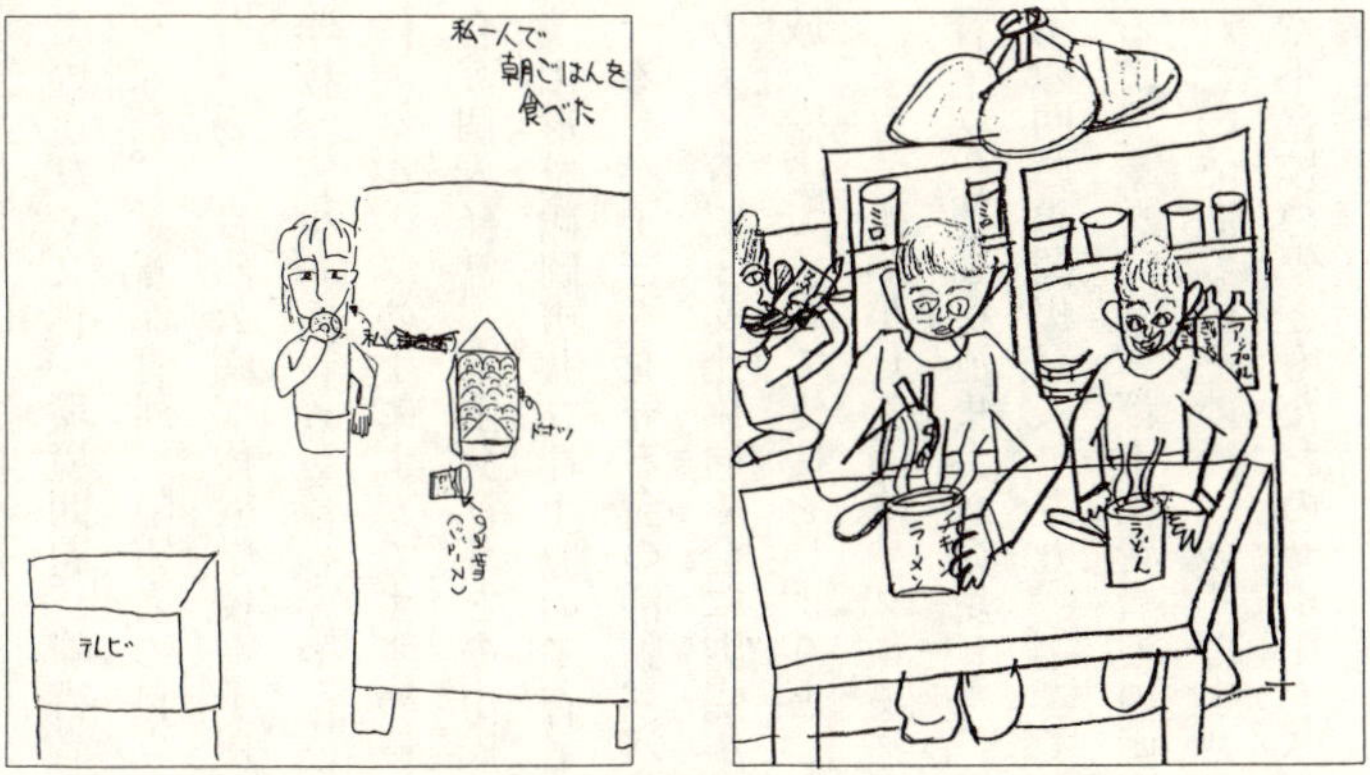


**図 6　子どもたちの孤食風景**　出典　注(15)参照.

やこ劇場運動など」の展開の時期。そして第三期は「今日の公私、価値観やセクション、専門のちがいをこえ、協同・協働して行うパートナーシップによる子育て・子育ちグループづくり」の時期である。(16)

このような地域の子育て運動の戦後の発展の背景には、エレン・ケイによる『児童の世紀』の提唱や、国連の「児童の権利宣言」(一九五九年)の国際動向があり、また、「児童憲章」(一九五一年)の採択にいたる世論の高まりがあった。その実現のために日本子どもを守る会が結成され、全国的な運動が推進されてきた。平和を希求する憲法のもとで、学校をこえてひろく子どもの生活・文化・福祉・環境などの問題への関心と地域のとりくみの必要性が確認されている。こうした戦後の運動が、一九七九年の国際児童年を新たな契機とする国連「子どもの権利条約」採択後、批准促進の市民運動へと、さまざまな子ども関係の団体が協力するネットワークのひろがりを生んでいった。(17)

地域によってちがいはあるが、戦後直後には、子どもたちの福祉や生活を守る活動、六〇~七〇年代には教育を語る会や、教科書問題・ＰＴＡ民主化など、学校をめぐる父母と教師の連携が活発であった。さらにその後、学校外での遊びや文化、環境問題、障害者の発達保障など、自治体問題との接点をもつ教育住民運動がひろがりをみた。学童保育所、障害者の自立支援施設、不登校の子どもたちのサポートスペースづくり、子どもの遊び場、自然公園、体験学校、子どもコープ、子どもセンター、子ども文庫、子ども劇場、合唱団、自由学校、青少年の自立支援塾などにいたるまで、学校外の教育・文化・福祉的な活動の組織化が多様な団体・グループの手によってすすめられてきた。そのなかから任意団体にとどまらず、非営利法人、協同組合、個人経営、有限会社などの市民的協同事業体も誕生してきたことが九〇年代以降の特徴といえよう。

山形県鶴岡市共立社生協の子育て運動の歴史をたどると、「六〇年代は民間教育研究運動、七〇年代はつるおか子どもを守る会の活動、八〇年代は鶴岡生協教育活動センターの活動、九〇年代は庄内地域づくりと子育て・文化協同の会に力点があった。二一世紀目前の今は、教育・文化生活協同組合を結成し、地域の総力で子育て支援をしようとしている」(18)とまとめられている。

子育てにかかわる団体やグループが横断的に交流することを目的として、一九八五年に地域づくりと教育・文化運動交流集会が発足した。子育て・文化協同全国交流研究集会という名称がはじめて用いられた第六回の鶴岡集会（一九九〇年）では、協同運動による子育て活動の意識的なとらえかえしがなされている。農業を守り、都市消費者との産直運動をすすめる生協に、地域の子育てを担う力があることが確認されたのである。その後、多くの小さな子育てグループが誕生してきた。子どもの権利条約批准促進の運動や不登校の子どもたちのサポートスペースの発足、母親たちの子育てサークルなどが地域子育てネットワークの形成を促してきた。

一九九九年の子育て・文化協同全国集会では、①地域に子育ての輪をつくりだす、②地域に少年少女の居場所と学ぶ楽しさをつくりだす、③地域に青年たちが働く目当てと進路選択の力をつくりだす、④すべての場所で、子ども、青年の自由な意見表明の場をつくりだすことが、二一世紀の地域子育て運動の「四つの目標」であると提起されている。(19)

一九九八年に制定された特定非営利活動促進法（NPO法）では、社会福祉、社会教育、子どもの健全育成、芸術文化・スポーツ活動、まちづくりなど一二の活動分野があげられている。Ⅳ章にみるように社会教育・文化・子どもに関する目的をもつ特定非営利活動団体の認証は福祉についで多く、それぞれ約三〇パーセントとなっている。協同組合の組織が都道府県レベルの大きな組織であるのにたいして、NPOは市町村レベルで数十名から百名程度の市民が協同サービス事業を提供する活動形態をもつ場合が多い。子育て支援の活動も地域のニーズにたいして、よりきめ細かく、専門性をもって推進される可能性をもっている。

今後公共機関と連携する非営利団体としての役割・機能の拡大が注目される。学校五日制のなかで、地域の子育てネットワークをささえるNPO・ボランティア団体は、地域の教育力回復の新たな担い手となるであろう。

現在、地域の子育ての社会的機能を担う主体は多様である。公的な児童・青少年のための福祉・社会教育施設と父母・職員・住民の連携組織、伝統的な地域子ども会・育成会などの地縁的なボランティア団体や任意の青少年団体・NPOなどの非営利セクターにとどまらず、個人的な塾や教室、スポーツクラブ、大手学習塾・カルチャーセンターなどの商業的なセクターもさまざまな子育てサービスを提供している。

しかし、地域社会における子育ての社会化の過程においては、乳幼児期の親子の自由な参加を促す子育てサークルや児童館・学童保育所・公民館などにおける地域との出会い、居場所・たまり場などが切実に求められている。さらに、小学生にとどまらず中・高校生にいたるまで、学校五日制のもとで学校外での遊び・レクリエーションや地域参加の機会が、身近なところで公共的・共同的に提供されなければならないであろう。

一〇年以上にわたって子育てネットワークづくりにとりくんできた大阪府貝塚市の公民館の事例は、子育てサークルと公的機関との協働の先進例として知られている。幼児をもつ母親たちの子育てサークルが市内各地に誕生し、公民館や公園で日常的に学習会や遊び・文化活動を展開する一方、子どもの成長段階に応じて悩みを共有するサークル間のネットワークが形成されてきた。全市的な子育てフォーラムや学校との連携などの課題など、「貝塚子育てネットワーク」の発展をささえる活動には公民館からの適切な支援がおこなわれている。総合的な学習の時間の一環として、中・高校生の幼児ケア体験学習に子育てネットワークが協力するなど、学社連携のこころみもおこなわれている。[20]

大阪に誕生した服部祥子・原田正文ら専門家たちの推進する相談・学習推進ネットワーク「心のインターネット関西」とも連携しており、子育て問題を全国的に発信する活動にまでひろがってきた。共同の子育てが母親たちの参画と子どもたちの自立支援を促し、地域社会を人間的な環境に変えていくためのとりくみとして注目される。

東京都武蔵野市の親子のたまり場施設「０１２３」は若い母親たちが子連れで自由に施設を利用することをきっかけとして相談や相互交流などの多様な機会を生み出している。また、東京都町田市立子どもセンター「ばあん」は、設計から運営にいたるまで父母・住民、中・高校生らがかかわり、「屋根のある公園」といわれるほど利用者層の幅がひろい。こうした新しい施設ビジョンが実現される一方で、多くの自治体では財政難のために子育て支援施設の整備が十分とはいえない現状がある。

二一世紀は、地方自治体のリストラによる教育・福祉的サービスの後退や受益者負担による選択志向、さらには「公益や奉仕」を基調とする動員型の地域づくりと拮抗しつつ、大人と子どもの共同と参画の民主的なプロセスが探求される時代である。子育て困難から共同の子育てへ、いのちの豊かさを実感しうる親密で人間的な関係性の構築と子育て協同事業の推進をつうじて、子育てのための社会的・公共的な空間の形成が課題となっている。

(1) 中西新太郎「縁辺化される若者たち」『世界』二〇〇〇年五月号、岩波書店。
(2) NHK「14歳・心の風景」プロジェクト編『14歳・心の風景』日本放送出版協会、一九九八年、六四頁。
(3) ハンナ・アレント、志水速雄訳『人間の条件』ちくま学芸文庫、一九九四年。
(4) 齋藤純一『公共性』岩波書店、二〇〇〇年、九二～九三頁。
(5) 岩田美香『現代社会の育児不安』家庭教育社、二〇〇〇年、九頁。
(6) 座談会「子育て不安の現状とその背景」、佐々木正美「児童精神科医の見る子育て不安」『現代のエスプリ』(特集・子育て不安・子育て支援)三四二号、至文堂、一九九六年一月、六～七頁、二八頁。
(7) 『子育て中の女性の意識と学習支援のあり方に関する調査報告書』二〇〇一年三月、東京都教育庁生涯学習部。この調査では、東京都内に居住し、〇歳から九歳の子どもをもつ母親三〇〇〇人を無作為に選び、七〇・三パーセントから回答がえられた。このうち一五六一名は記述式の回答にも記入しており、調査に対する熱心な反応がうかがわれる。

(8) 前掲、『現代のエスプリ』、一一一頁。
(9) 前掲、岩田美香、一八〇～一八一頁。
(10) 東京都立教育研究所『今後の地域社会の教育的役割に関する研究（その2）――家庭教育支援の在り方をめぐって』二〇〇〇年三月。この調査は都内在住の四歳から一五歳の子をもつ保護者二〇五〇名を対象とし、回収率は七五・六パーセントであった。
(11) 前掲、岩田美香、一八二頁。
(12) 池上惇『福祉と協同の思想』青木書店、一九八九年。
(13) 中野光『希望としての子ども』岩波ブックレットNo.二七五、一九九二年、八頁。
(14) 日本生活協同組合連合会編『子どもの孤食――食と環境は今』岩波ブックレットNo.三一六、一九九三年、一四頁。
(15) 同右、四、七頁。
(16) 小木美代子「一九八〇年代後半から顕在化する新しい子育て・子育ちグループの誕生とその背景」小木美代子他編著『子育ち学へのアプローチ』エイデル研究所、二〇〇〇年、五一頁。
(17) 日本子どもを守る会編『花には太陽を子どもには平和を――子どもを守る運動の五〇年』新評論、二〇〇二年。
(18) 庄内地域づくりと子育て・文化協同の会代表、塩野俊治「今こそ子育て協同を」『第四八回読売教育賞受賞者論文集』二〇〇〇年度、読売新聞社、一九九頁。
(19) 藤岡貞彦「出発進行!! かながわ子育て列車」『子ども、青年、おとなの居場所を求めて』(第一五回子育て・文化協同全国交流集会報告集) 二〇〇〇年八月、五頁。
(20) 貝塚子育てネットワークについては、山本健慈・井上英之「市民団体・グループとのネットワーク」日本社会教育学会編『現代公民館の創造』東洋館出版社、一九九九年、参照。

# II章　地域の教育力をどうとらえなおすか

あの素晴らしかった豊かな水環境を自分たちが壊したんだから、何としてもきれいに自分たちの世代で取り返して、暮らしに生かし、さらに、それを次世代の人たちに手渡していこう、そうすることは豊かな素晴らしい実体験をもっている自分たちの世代の責任ではないかということで、微力ながらがんばっているところです。

広松伝「川さらえが蘇るとき水と共にある暮らしもまた蘇る——水郷柳川市での掘割浄化運動から」(一九九〇年)[1]

## 1　地域の教育力の再生

戦後日本の教育において地域社会の教育に関心がよせられたのは、一九四〇年代後半から五〇年代初頭の地域教育計画策定のこころみ、および一九六〇年代後半から七〇年代にかけての地域教育運動の叢生に象徴される二つの時期であった。これらの時期に学校をこえて地域社会にねざす教育実践の可能性が探求され、「地域の教育力」という概念が提起されてきた。こうした歴史的な変遷を経て、現代は地域の教育力への関心が高まっている戦後第三の時期ととらえられる。

地域の教育力という用語が教育界や一般社会でひろく用いられるようになったのは、地縁的共同体の機能が弱まってきた高度経済成長期以後のことである。この時期に、地域課題と教育問題を結合した住民運いる。

動が発展し、それぞれの地域社会で教育力を再生する努力が自発的にひろがったことがその契機となっている。

このように地域の教育力という用語は、「地域にねざす教育」や「地域教育運動」などの表現と関連づけられて一九七〇年代にひろく用いられるようになった。歴史的背景をみると、一九二〇年代から三〇年代のアメリカのコミュニティスクールの構想に影響を受けた戦後の地域社会学校論や地域教育計画論の系譜にさかのぼることができる。さらに戦前には、ドイツの教育思想などの系譜をひく自治民育的な小学校の開放や全村学校、郷土教育が提唱された。村落共同体における「習俗としての子育て」と関連する学校・家庭・地域の連携的実践を示す概念として、教育史・教育社会学・社会教育学等の学際的研究において一貫して論じられてきたテーマである。

一九八〇年代にこうした関心は一時的に低調になり、拡散するかにみえたが、九〇年代の政策的位置づけによって、学校を地域社会に開くという課題が学校制度改革、学校経営の問題として、さらには社会教育・学校外教育の領域で本格的に問われるようになってきた。こうした動向は欧米の学校改革においても共通にみられる動向である。その意味では、一九二〇年代から三〇年代にも対比されるような、地域社会と学校の総合的な再計画化の時代として、現代を特徴づけることができるであろう。

本章ではこうした地域社会と教育にかかわる歴史的な変遷と理論的関心の推移をふまえて、地縁的共同体が衰退している現代社会において地域の教育力をどうとらえなおすことができるのか、地域の教育力を再生させる思想と原理、およびその担い手について考察することにしたい。

## 2 「地域社会と教育」の構造把握と参加システム

地域の教育力を一般的にどうとらえるかという点では、これまである程度の共通理解がある。通説によれば、そこには二つの次元があるとされる。第一は「地域の中で計画的に営まれる教育」である。第二は「地域の自然・文化・人間関係から生起する教育であり、いわば地域自体から発する教育」である。(2) 狭くは後者を「地域の教育力」とよぶとされている。「地域の教育力」論においては、地域社会それ自体が子どもの発達に人間形成的な影響をおよぼしているという意味で、地域を価値的にとらえる視点が根底におかれている。

とくに一九七〇年代以降、衰退した地域の教育力の回復、再生という課題が、学校の教育力や家庭の教育力を左右するような重要性をもって認識されてきた。そこでは伝統的な産業形態や地域社会の生活構造のなかではぐくまれる生活・労働能力以上に、個々の人間形成におよぼす総合的な社会的要因や相互の人間関係、生活文化的な体験などを包括的に意味するようになってきている。その結果、地域の教育力が理念的・抽象的に理解されがちになり、地域的な生活実態や労働技術、民衆文化などの具体的内容や構造的な把握を欠いたまま用語が通用しているという問題が生じている。したがって、こうした一般化による内容の空疎化を避けるために、具体的な地域現実をふまえ、地域の教育力を構造的に把握する方法が求められているといえよう。

地域の教育力への関心が高まった一九七〇年代に、こうした方法を意識して理論的検討を精力的におこなったのは松原治郎と藤岡貞彦である。以下では、まず両者の論考を中心に、この時期に地域の教育力がどうとらえられていたか、背景にある地域認識と関連づけてそれぞれの概念規定を特徴づけてみよう。

松原治郎は、一九七〇年代のコミュニティ政策や青少年の社会参加促進政策に影響をあたえた教育社会学者として知られる。松原は、日常的な居住圏のもつ教育的な機能の社会学的分析によって教育組織の成立基盤としての地域社会の意義を明らかにし、「社会参加」の概念を積極的に提唱して、学校と地域社会を一体的につなぐ教育政策の課題を提示した。具体的な地域を対象とする参与的な調査研究をつうじて、地域の教育力の機能的分析から政策化へという地域の教育の計画化に先駆的な役割を果したといえる。また、東京都中野区の教育委員準公選制の区民投票条例直接請求に際しても、教育法学者の兼子仁らとともに、学識者として専門委員の調査研究に参加し、住民運動の意義に注目して理論構築をこころみた社会学者でもあった。

松原は、『教育の地域社会性』と『地域社会の教育性』とを同時にとらえる発想が必要となっている。学校教育を地域社会に開き、教育の地域社会性を回復することが可能か、また、かつてあった地域社会の教育力を再び活性化させることが可能か、教育社会学の立場でとらえてみたい(3)」という課題意識にたって、神奈川県大井町や長野県上田市などの総合的な地域調査にとりくんだ(4)。

松原によれば、「日本の地域社会には、無尽蔵といってよいほどの大きな潜在力が潜んでいる(5)」ととらえられる。その可能性に注目して、学校や社会教育施設、その他の公共施設、民間おけいごと塾、青少年団体や婦人団体その他の団体・グループの活動を全体として構造的に把握し、「ラーニング・ソサイアティとしての地域社会の教育機関の機能上の統合、システム化(6)」をすすめていくことが、地方自治体の教育政策の課題であると松原は提起している。とくに「地区公民館をコミュニティ教育センター」化し、「地区コミュニティの次元」を教育行政における参加の単位ととらえたこと、学校をコミュニティに開放する必要性を説き、「コミュニティ教育協議会」（学校長のほかに専任のコミュニティ教育主事を学校に配置して設置する協議体）を構想したことに示されるように、現実をふまえて地域社会の教育諸機能を体系的にとらえ、地域の教育力を活性化する方策を提言していることが注目される。

当時流布していた生涯教育論が未来予測的で理念先行的な改革論という傾向をもっていたのにたいして、松原の見解は、地域調査にもとづき、地域社会の教育的諸機能を総合的に分析したうえで、「学区」「地区」における教育の体系化と参加システムの問題に焦点をあてて考察している点にオリジナリティがあった。

松原は「地域社会の教育力」を、「地域社会の規範体系」「多面的な生活体験の場」「地域集団の役割」という三つの本来的機能によって特徴づけている(7)。生活体験には「自然体験」「タテ社会の体験」「自発的要求充足の体験」「社会参加体験」「労働体験」などがふくまれており、居住地区における地域集団と結びついた教育諸機能の活性化や統合をつうじて、衰退しつつあった地域社会の教育力を高めることが課題とされている。しかし、地域社会の機能的分析によって一般化され、モデル化された地域社会と、実践的創造によって形成された個性的な地域社会とのあいだには乖離が生じることはさけられない。

そうした問題はあるものの、公民館における社会教育活動が活発におこなわれている地方文化都市の上田をモデルとし、学校教育と社会教育の連携を軸とする地域社会の教育力の活性化を論じた松原の実証的な研究は、地域社会と教育の構造把握と参加システムの構築への意欲的なこころみであった。この調査にたいする当時の上田市の教育関係者や社会教育関係者の関心も反映しており、いわば一定の地域の教育力が存在している状況のもとでの参与的な調査という意義をもっていたといえるであろう。

松原の学説は、当時においては学校教育政策よりも学校外・青少年政策に影響をあたえたとおもわれる。進学率が上昇し、学校の競争的序列化がすすみつつあった七〇年代には、松原が提起したコミュニティ再生の課題は、学校教育内容や学校運営に結びついた論議としては深められておらず、学校外、社会教育活動の展開に傾斜した構造化という特徴をもたざるをえなかった。

一九九〇年代半ば以降、中教審答申などで強調されるようになった「学校・家庭・地域の連携」論は、地域社会の諸機能を体系化するという点で松原と近似する発想にたつが、市場化された教育機会の選択を前提とした学校改革論となっている点では、松原の提起とは対照的であるともいえる。中教審の提言では学校を中軸とした構造化が関心事となっており、地域の教育力は、むしろ現実を捨象した一般化された認識として学社連携の前提にされているようにみえる。このような段階で実証的な地域認識をふまえて地域の教育力を考察した松原の見解をもう一度現代的に再検討し、評価する必要があるといえよう。

その際に、一九七〇年代以降都市部で活発化した地域教育運動の展開や、地縁性をこえてひろがった教育運動の主体形成的な意義を焦点にすえて地域の教育力を考察することにたいして、松原が一定の留保をおこなっていた点が論点になるであろう。松原は各地の住民運動・教育運動についても調査をおこなっているが、それらがいかに地縁共同体を基礎とする地区の日常的な活動に統合されるかという点に関心をむけていたと推察される。したがって、地域教育のシステム化を構想する段階で、総資本による地域の再編・開発や国家的な資源活用のもとでの地域の従属化をめぐる住民の抵抗や葛藤が捨象されたモデル化とならざるをえない。この点に、松原の社会学的構造把握と規範的な参加論の限界があったと考えられるのである。

### 3　地域教育運動と「教育権の民衆的自覚」

社会教育の領域で住民運動の教育的意義を提唱した藤岡貞彦は、むしろ地域教育運動をつうじて鮮明になってきた主体の問題に焦点をあて、それぞれの地域に固有な担い手をつうじて地域の教育力が現代的に再生される過程に注目し、松原治郎と対比しうる研究をおこなっている。藤岡の場合は、これらの運動の主体が価値的に創造している地域ビジョンのなかにこそ未来があるという予見性を重視し、事例のもつ実践的意義を浮きぼりにしようとした。民衆意識と教育実践の原理の接合のなかに地域教育計画の可能性をみた藤岡の論理は、機能分析的な教育社会学の方法の限界をこえて、「教育と社会」の学としての方法を開拓しようとしたといえるであろう。

藤岡によれば、父母・住民の教育要求の自治的な組織化をつうじて、「教育権の民衆的自覚」が高まる過程に地域教育計画の可能性があるとされ、住民運動による地域の教育力再生をつうじて、自治体レベルでの合意形成のありかたが追求されている。住民の自己形成、教育行政における参加、発達環境としての地域・公共施設整備の三つの次元をトータルにとらえることが藤岡の教育計画論の方法であり、体系であった。

藤岡は、地域の教育力を「まずおとなが自己と地域を正しく認識し、対象化して」「新しい生活と労働と文化によってささえあい、結び合って生きていける地域を復活させる」ことをつうじて形成される「地域社会問題の教育価値への内在・浸透過程」であるととらえている。[8] その過程は「父母住民の集団的な教育意志を自治的に組織」しうる地域教育運動において実現されるのであり、つぎの三つの条件がふくまれると指摘されている。

第一に「父母住民の教育要求が社会化されていく」こと。第二に「教職員集団と協力して父母住民が〝教育とは何か〟を共同思考し、教育的価値のあり方を共有する」こと。第三に「地域教育運動内部において、教育要求がもろもろの生活上の諸要求と関連していく」こと。[9] このような過程をつうじて「教育諸要求の結合体である地域教育運動が地域教育計画を展望するにいたる」ことが、地域の教育力再組織化の可能性をもたらすととらえられている。このことを藤岡は、「教育権の民衆的自覚」と規定したのである。

藤岡の地域教育運動への着目の方法には、アメリカのE・G・オルセンやR・M・マッキーバーなどのコミュニティ論を手がかりとして、「地域社会と教育」の機能的な把握をおこなう教育社会学の常道的な方法にはとらわれない、いくつかの積極的な提起がある。

その第一は、主著『教育の計画化』の論究をつうじて、「教育主体としての地域」という認識をもっとも本質的な問題として強調している点である。

戦後初期における大田堯の地域教育計画論を「歴史的早産」としながらも高く評価した藤岡は、その意義についてつぎのように述べている。

「地域教育計画論は、牧歌的であるどころか、歴史的早産だったと考える。教育（政策・行政）における住民参加と地方分権の理念。国家教育権論に対する国民と教師の教育権の理念。総じて、地域住民が教育の主体として成長していくための設計がそこには託されていた。（中略）住民との共同思考による教育課程の創造を、住民の実生活とその要求にもとづく教育内容のシヴィルミニマムの自主編成のこころみととらえなおすことによって、本郷プランの今日的意義はいっそう明らかとなる。[10]」

ここでは、「教育の国家からの解放」[11]（傍点原文のママ）、すなわち教育の地方分権のもとでの民衆的な教育計画の立案の過程が、地域教育計画の基本要件となることが示唆されている。

その背景には東京都中野区の教育委員準公選制の実現や全国各地の地域教育懇談会のひろがり、図書館・公民館・児童館・学童保育所・子どもの遊び場づくりなど、大都市や周辺ベッドタウンなどの地域で、生活環境整備や教育文化施設の設置をめぐって住民が活発に自治体に働きかける状況があった。

このような動向に注目した藤岡の地域の教育力の認識は、教育課題に自覚的にとりくむ大人の側から、教育の民衆統制や計画への参加のありかたを問いかけるもの[12]であった。この時期に欧米で制度化がすすんだ学校運営における生徒・父母・住民の参加の実現の動向にも共通する、異議申し立てと参加の制度化の問題が提起されていたといえよう。

藤岡が提起している第二の点は、合意形成の過程における大人の学びの意義についてである。その理論的根拠をカール・マンハイムと宮原誠一の教育計画論に求め、「生涯教育としての教育計画」の実現を説いている。

社会教育・生涯教育の視点から教育計画に接近する方法は、松原治郎の上田調査においても重視され、詳細に論究されている。一九八〇年代に推進された国や地方の生涯教育計画も一般的に「生涯教育としての教育計画」という性格をもっている。しかし、藤岡は、住民運動や労働農民運動を背景として展開されている民衆の学習が「科学と生活の結合による学問の問いなおし」[13]をつうじて政策のビジョンにたいして生活のリアリティを対置しうる力量を形成しつつある点で、一九六〇年代以前とは異なる「高次の共同学習」[14]という質をもっていると指摘している。このような自己教育の展開をささえる教育計画が、生活のリアリティのなかでの知の創造にささえられた生涯学習の計画化として展望されている。「高次の共同学習」の実践的価値を生涯教育計画論にすえたこと、いいかえればそのような価値を形成しえない計画論の場合には真の地域教育計画論とはいえないととらえた点に、体制主導的な生涯教育計画批判として、地域教育計画論を提唱した藤岡の独自の立場が示されている。

さらに第三に、開発問題・公害・環境破壊に反対する住民運動と地域教育運動に理念的な共通性があることに着目し、環境権と教育権思想の統一的生成過程に地域の教育力再生の可能性を見いだしている。「地域と教育」研究を主軸とする藤岡にとっては、この第三の点こそがもっとも重要な視点といえよう。一九六〇年代の農村における学習運動から七〇年代の開発・公害反対住民運動へ、そして環境教育学の提唱[15]へと高度経済成長期の教育の矛盾を地域・環境問題のなかでとらえ、分析の焦点としてきた藤岡にとって、高度経済成長期の人材育成的教育計画の批判をくぐりぬけて「環境権と教育権の理念的統一性」を内在させた地域教育計画を実現することが、教育革新への道程ととらえられていたにちがいない。

『教育の計画化』においては、その視点から多くの住民運動・教育運動の動向と意義が言及されている。「住民運動と教育運動」の接点を明らかにするという問題意識にたって、沼津三島コンビナート建設反対運動、大分県風成地区の大阪セメント進出計画反対運動、志布志湾開発反対運動、四日市公害訴訟等々の教育的意義を考察し、教育権と環境権の関連性がほりさげられ、つぎのように問題が提示されている。

「教育の相において環境を構築し、成長・発達の目的にそくして環境を整備すること、地域における社会的共同生活手段のシステムを構想するにあたって教育を中軸のひとつとすることがはかられてよいのではないか。すでに住民運動の先進地においては、都市計画の中心に教育計画をすえる要求が提起されつつある。地域の教育力の再組織化のみちは、この発想の線上にあるのではないか。環境権と教育権のふかい内的結合の一端は、このような教育環境への住民の権利、教育計画への住民の発言にみられるのではないかとおもう。教育環境権とでも形容すべき思想が、過疎・過密地域で、住民運動の場で、公害の場で、子どもを守る立場から主張されている。公害が（たとえば大気汚染ひとつとってみても）まずだれよりも成長期にある子どものうえに被害をおよぼすという一事をみれば、地域破壊の極限状況からこそ、環境権と教育権をひとつのものとしてとらえる志向がめばえる必然性が了解されるのである。」[16]

このように、住民運動と教育運動の展開と相互連関のなかに新しい教育価値形成の可能性を見いだしていた藤岡は、「自治体こそはいのちとくらしにかかわる人権を保障すべきとりでである」[17]、「福祉と教育の分野における住民自治の原則は、自治論再構築のかなめ」[18]であり、単に中央集権の歯止めとしての教育の地方分権とはことなる発想にたっていると指摘し、自治体レベルの住民自治の発展の筋道で地域の教育力が再生されると説いたのであった。

今日、持続可能な社会をどう構築するかという問題は、グローバルな経済社会計画の中心にすえられている。藤岡の注目した住民運動は、「環境権と教育権をひとつのものとしてとらえる」という点で、こうした二一世紀の課題を先取りしていた。

藤岡の「地域の教育力」論は、コミュニティ論を援用しつつ伝統的な地縁集団の教育機能分析をベースにした方法の限界を指摘するものであったが、その批判的な方法意識は必ずしも教育社会学の分野において共有される結果とはならなかったようにおもわれる。たとえば、松原治郎は藤岡にたいしてつぎのような批判的コメントをおこなっている。

「『教育主体の計画化』をいうときに、すべて中央対地方、行政対住民、教育社会学対教育学といった二分法で現実を図式化しておいて、しかも対の後者の立場の正当性をいうためのみで、この問題にせまろうとするのは、現実分析の面でも、また実践に資するためにもあまり生産的とはいえない。[19]」「学習行動展開の場としての地域と教育の施策・施設・活動のネットワークとしての地域とを有効に結合させる方向での地域の再編成こそが今日の地域教育力の回復であろう。〈下からの編成〉〈上からの編成〉といった二元論をいたずらに繰り返すことは意味がないのではないだろうか。[20]」

たしかに松原が受けとめたように、藤岡の論述は当時の住民運動に内在していた政策批判の対抗的価値の生成を成人の学習過程として意義づけるものであった。しかし、それは法理念から現実を当為的に解釈する方法の限界を意識した教育法社会学的な探求であり、主体形成をめぐる教育学的模索を内包していたといえる。二分法で現実を図式化して自己正当化を主張した見解であるとして、藤岡が追求しようとした実践的意味理解の方法が受けとめられなかったことは、「地域の教育力」論のほりさげにひとつの断絶を生むことになったのではなかろうか。

久冨善之によれば、松原らを中心とする「地域と学校再編」論によって一時的活況をみせた教育社会学分野の「地域と教育」研究は、一九八〇年代以降「混迷・空白期」を迎えている。その要因は、「学校制度とその内に形成された教員社会（教員文化）とが、学校がその成立基盤としている地域社会（住民・父母・子どもたち）とどうしても、齟齬・乖離してしまうという問題」にあったと久冨は指摘している。[21]

そうした認識によって教育学研究が地域社会への関心から撤退する傾向は、教育社会学分野にとどまらず、日本の一九八〇～九〇年代の教育学全体の傾向であったといってよい。たとえば岩波講座『現代の教育』（全一三巻、一九九八年）においても、「地域社会と教育」問題への関心は全く希薄になっており、地域社会を視野に入れた第七巻『ゆらぐ家族と地域』の諸論考も大半が家族・家庭問題に傾斜している。[22]

今日の「学社融合」や「学校を地域に開く」政策の展開を教育科学として対象化していくためにも、当時の松原治郎のコメントをより生産的な論争として読みなおし、地域の教育力を現代的にとらえなおすことが課題となっているといえるであろう。

## 4　学校外活動と共同の子育て

一九七〇年代後半から八〇年代にかけて、地域の教育力の問題に関して注目されるもうひとつの問題は、地域社会で実際に子どもたちが育つことを支援する自主的な子育て活動や、子どもの参加をうながす学校外の教育・文化・福祉施設、青少年団体の活動の展開である。幼児をもつ母親たちのグループ活動、子どもの遊びや文化にかかわる任意団体やグループの活動、野外・スポーツ活動、学童保育所・児童館、フリースペースやプレイパークなどの子どもの居場所づくり、図書館・博物館等の児童・青少年サービスなどが展開され、小さなグループの横の連携や公共施設の利用者組織などから子育てネットワークとよばれる多様な新しい活動組織がつくりだされてきた。

増山均によれば、これらの子育て活動は、①地域環境の影響力、②住民運動の形成力、③学校外教育の指導力、の三つのレベルの教育力をもつととらえられている。[23] 増山は、①と②で松原や藤岡が論究した側面をふまえながら、③の規定によって、「子どもたちの自主・自治活動」（子ども組織の自治と「自己教育力」）や「子どものための教育・文化活動」（学校外教育の指導力）など、学校外教育の実践的展開を重視するとらえかたをしている。増山はのちにこの視点を発展させ、狭義の教育的指導の概念をこえた文化的な「アニマシオン」（生命力・活力を吹き込み活性化させる働きかけ）概念に着目する。(24)

一九七四年に、社会教育審議会が「在学青少年に対する社会教育の在り方について」の答申をだし、日本社会教育学会でも「学校外教育」に関する研究関心が高まっていた。(25) 一九九二年の生涯学習審議会答申「今後の社会の動向に対応した生涯学習の振興方策について」では、より広義に青少年の自発的・体験的な活動に注目して「青少年学校外活動」という用語も使われている。増山は学校外の青少年の生活実態に注目し、地域の教育力を地域社会の規範や大人の地域参加システムの問題からではなく、遊びや文化を媒介とする子ども自身の参加と仲間づくりの活動を基軸にしてその内容・方法や意義を明らかにし、それを大人や地域社会がどうささえていくかという観点を明確にした。増山の研究は、子どもの権利条約に明示される子ども観の転換を、日本の学校外活動にそくして追求し、子どもたちの遊びや文化にかかわる指導員などの専門性をほりさげており、今日的意義をもつ問題提起であった。

筆者も八〇年代の子育て運動を「子育て・文化協同」と規定し、地域文化活動や平和・環境保全活動などに親子がともに参加する活動に注目してきた。(26) そこには学校づくり・学校民主化の課題をこえた家庭と地域の共同の子育て文化の創造がみられ、学校の競争と偏差値による序列化のもとでの「一元的能力主義」(27)（乾彰夫）のシステム化の外で、このシステムと葛藤しながらフリースクールや子どもの居場所づくり、学校外教育・文化活動の新しい原理を探求する共同の子育ての自立的基盤が形成されている。

学校的価値体系にくみこまれた地域や家庭は、それ自体子どもの居場所を奪う方向に作用しがちであり、子どもだけではなく親・施設職員・住民もそのことに気づき、この発想から自由になることなしに、地域の教育力を唱えてもそれは学校の延長・補完となるにすぎない。

「子育て・文化協同」は単に空間としての居住地域ではなく、新しい教育文化的な価値の創造と共有を求めて出会う共同的関係によって成立する「文化的参加(28)」としての子育て実践としてとらえられる必要があろう。「文化的参加」を筆者が提唱したのは、地域を基盤とする教育計画という制度的な推進以前に、学校のオルタナティブとして学校外における生活文化的価値の実践的模索を重視したからである。

一九七〇年代の「学校外教育」研究への関心は、制度化の見通しが明らかにされず、十分な展開をみなかったが、「共同の子育て」や「文化的参加」の動向は八〇年代をつうじて教育制度外（ノンフォーマルな領域）におけるオルタナティブな選択肢として、地域の教育力再生の土壌を豊かにしてきた。今日では児童館や公共図書館などの社会教育・青少年施設においてもアニマシオンの方法による実践がひろがっている。学校教育とはことなるこれらの現場における指導原理の探求は、子どもの社会教育研究の活性化をもたらしているといえよう。

以上の諸論にみるように、一九七〇年代から九〇年代にかけて、地域の教育力のとらえかたは地域社会の地縁的・規範的価値への依存から住民参加による合意形成と地域づくりへ、そしてさらに子ども自身が主体的に参加し、大人とともに育ちあう共同の関係づくりの模索へと、意味内容が深められてきた。「教育」「社会教育」から「共同の子育て」「学校外・文化活動」「子育て支援」へという用語の変化が七〇年代から九〇年代にいたる実践的な展開を象徴している(29)。

現代においては、地縁的共同体としての地域集団の力が全くなくなったとはいえないにしても、子育ての困難をかかえた家族や親たちの連帯的な関係をつうじて子育ての共同・協同が追求され、さまざまな子育てグループが地域社会にうまれている。それらは地域をこえて広域的・全国的なネットワークに発展し、あるいは国際交流をおこなっている場合もある。子どもの権利条約の批准促進にかかわるNGO活動や児童虐待にたいする支援のネットワーク、先進諸国におけるフリースクールの経験や子どもの遊び・芸術文化振興政策等の国際交流など、人類的視野で子育て文化が探求されている。個々の家庭責任の範囲をこえて子どももみずからが自己決定しながら生きる権利の重要性が認識され、大人と子どもの共生を模索する社会連帯的な子育て・子育ち文化がはぐくまれてきている。

しかし、このような七〇年代から九〇年代にかけての地域の教育力再生への実践的とりくみとは裏腹に、地域の教育力をめぐる社会構造的分析への関心は希薄化し、八〇年代以降は、学校のもつネガティブな構造の解明に教育学的な関心の集中がみられた。現場に密着した地域・学校外教育の動向は、しばしば教育運動と一体化しており、教育学全体の研究関心からは軽視される傾向があったことは否めない。今日においても、教育実践が学校の授業の範疇でしかとらえられないような学校主義的教育学の傾向は色濃くみられる。戦後の「地域の教育力」研究の意義に光をあて、教育学研究の課題と方法を再構築することを、二一世紀の新しい教育学の発展をうながす課題のひとつにすえなければならないであろう。

## 5　子どもの人権と地方自治体の子ども施策

子どもをとりまく社会環境の改善、学校外活動の条件整備において第一義的な役割をもつのは、地方自治体である。地方自治体は戦後社会教育法や児童福祉法にもとづいて子どもの教育・文化・福祉施設の設置や青少年事業を推進してきたが、子どもの権利条約の批准促進運動のひろがりとあいまって、一九八〇年代以降、総合的な子ども施策を模索してきた。深刻な少子化現象と子どもの問題への社会的注目に対応して、子育て支援という観点から国のレベルで厚生・文部・労働・建設の四省（現厚生労働省・文部科学省・国土交通省）合意によるエンゼルプランが作成された。地方レベルでも都道府県、各地方自治体が地方版エンゼルプランの策定をおこなっている。

子どもの権利条約は子どもの最善の利益を尊重し、子どもを保護の対象としてとらえるにとどまらず、社会的な権利行使の主体として育てる観点から意見表明や参加を尊重すること、情報へのアクセスを保障することなどをうたっており、その実施にあたっては大人との新しいパートナーシップの形成による参加のシステムづくりが問われている。しかし「子どもの人権保障をすすめる各界連絡協議会」（子どもの人権連）による地方自治体調査[30]によると、子どもに関する施策は自治体の基本計画の一項目、あるいは国のエンゼルプランに対応した地方版策定にとどまっており、子どもの権利条約実現という点ではまだ不十分である。児童福祉法の改正でも子どもの権利条約の意義が言及されておらず、市民団体の認識にくらべて国・自治体の側が立ちおくれている。

荒牧重人は、この報告書でとりあげられている東京都中野区、川崎市の子ども施策、大阪府の子ども総合ビジョン、川西市、相模原市のとりくみなどの事例にもとづいて「子ども参加型社会づくり」の重要性を指摘している。ここでは①子どもむけの広報、②子どもの意見表明・参加、③子どもの権利の推進・監視に関する組織、④子どもの権利に関する条例・宣言、⑤民間団体との連携等の課題があげられている。[31]

とくに②については、まちづくり推進委員会などへの子ども参加、「子ども議会」の開催、子ども施設の建設・運営への参加などのこころみが実施されており、自治体行政が直接子どもとの対話を模索していることが示されている。中野区では区政の基調である「自治・参加・連帯」のまちづくりから「子どもの参加」にとりくみ、川崎市では金属バットによる親殺し事件をきっかけとした小学校区の教育懇談会から「地域教育会議」や「子ども会議」が推進された。二〇〇〇年一二月には全国で初めて川崎市で「子どもの権利に関する条例」が子ども自身の意見表明をとり入れて制定された。大阪府のビジョンでは、「子どもの遊びと文化の創造」を目標にした「子どもの環境づくり推進機構」の設置と「子ども協議会」の開催が特徴的といえよう。また川西市では、いじめ実態調査にもとづき、全国初の「子どもの人権オンブズパーソン」の条例を制定して、子どもの人権擁護にとりくんでいる。

これらの事例では、子どもとの対話の場づくりをつうじて子どもの意見表明と参加が模索されている。たとえ小さな実験であっても、真に子どもの意見を尊重するという関係づくりの場面において、子どもとむきあう職員やボランティアの存在が重要な意味をもっている。また、そのためにも荒牧の指摘するように「建設的対話」をなしうる民間団体・NGOの役割が期待されている。

子どもの人権擁護の視点にたつ地方自治体の総合的な施策を対象とする研究関心は、主として教育法学の領域の子どもの権利論としてほりさげられてきた。子どもの権利条約の理解を深め、国連子どもの権利委員会にむけて市民とともにNGOとしての報告書を作成する作業をおこなった永井憲一、喜多明人ら多くの教育法学関係者の組織的な調査研究活動があった。[32]その成果を自治体の子ども権利条例やオンブズマン制度に反映させるうえでは、喜多明人、荒牧重人らのグループによる自治体政策提言などが問題提起的な役割を果たしてきた。川崎市では子どもの意見表明の過程を導入するという全く新しい条例制定の手法によって子どもの権利に関する条例が制定された[33]。

教育法学は伝統的に国民の教育権論を中核として、教育の機会均等および教育の自由を根幹とする公教育理念の考察を対象としてきたが、子どもの人権論の展開によって地域・自治体施策や学校外の子どもの生活、児童福祉等の現代的な課題へと視野をひろげている。この点では、今橋盛勝が一九七〇年代以降の地域教育運動の展開に注目し、法社会学的分析にふみこんで父母・住民の教育権の法理にむけて教育権論、学校参加論を展開したことはきわめて先駆的であった[34]。V章、VI章で詳述するように、この問題は、一九七〇年代後半から教育の住民自治要求として提起された東京都中野区の教育委員準公選制などをめぐる教育住民運動に端を発する。「教育の文化的地域自治」を唱えた兼子仁の学説[35]は、教育における住民自治法理形成の起点をなしている。地域に開かれた学校や学社連携をささえる基盤として、子育てをめぐる多様な地域実践と参加システムの意義を認識することが教育改革論にリアリティをあたえる。兼子や今橋が主張するような父母・住民を主体とする地域の教育自治の法理をふまえて、地方分権の動向のもとでの地方自治体の教育政策の独自性と地域の教育力を再生する可能性を明らかにすることが今日的な課題である。

## 6　地域社会と子どもの参画

現代の学校を地域に開かれた「学びあう共同体」に変えていくためには、学校外の人びととの「幅広い連帯のネットワーク」の形成が必要とされ、そのなかで「専門家集団として自律性を樹立した学校の教師集団」が学びを組織していくことが問われている。[36] しかし、地域社会の生活文化的な共同関係は既存のものとしてそこにあるものではない。地域住民が現実に直面する生活課題から出発して、地域のつくりなおしにとりくむ参加と協同が不可欠である。

地域の教育力という日本的な用語は、伝統的に狭い教育観の制約のために、子どもと学校教育に収斂する発想に偏っており、学校のために動員される善意の、あるいは伝統的な学校中心的な地域社会の復権を待望するという問題点ももっている。学校外のノンフォーマルな教育のネットワーク化については、今日イギリスをはじめ、国際的にもコミュニティ教育の展開として独自の教育体系、教育方法、指導者論が構築されている。[37] その展開は、教育・学習過程にとどまらず、地域社会の生活のありかたそのものの内発的発展の論理をふくむ住民の自己形成過程としてとらえられている。

その意味では、学校にすべての問題の解決を期待する学校主義から脱却し、コミュニティ教育を公共的な教育領域として発展させていく教育研究の必要性も認識されなければならないのである。公共機関と民間の活動の相互の役割認識のうえに、教育文化的なNPO・NGOの発展をささえる条件が拡充され、それぞれの地域に多様な協働関係（パートナーシップ）が形成されることによって、地域からの教育創造を展望することが可能になるといえよう。

地域社会に目をむけると、十数万人の不登校の子どもたちや、潜在的には過半数におよぶであろう学校ぎらいの子どもたちにたいして家庭や地域社会の諸団体・グループが対応をせまられ、模索をおこなっている実態がある。この模索は制度・政策としての「教育」の枠をはみだした社会文化的実践として展開されている。そこには学校のオルタナティブとしての居場所づくりと育ちあいの過程があり、既存の学校とはことなる学びのプロセスを追求するフリースクールやフリースペースのとりくみが積み重ねられている。また学校外の教育・文化・福祉的な施設や団体の実践の蓄積も多彩になっている。子育てについての悩みの共有をつうじて、子どもの自立をささえあう地域社会の形成がうながされている。

こうした動向をふまえて、近年、学校外教育、子どもの居場所づくりに関する新たな研究が活発化している。一九七〇年代以降、東京を中心に設置がすすめられてきた児童館・学童保育についても、遊びや生活という視点からその存在意義が深められている。東京を中心に組織された児童館・学童保育21世紀委員会が刊行した一連の報告書(38)では、児童館・学童保育所という福祉的な施設の遊びや文化活動の蓄積をふまえて、子どもの目線で生活・地域・まちづくりのビジョンが提案されている。

久田邦明や田中治彦らの研究(39)においても、居場所論の実践的検討から青少年教育の方法論、ノンフォーマルな教育とフォーマルな教育の関係論、若者文化論などの新たな問題提起がおこなわれている。教育制度の枠をこえて、学校的社会から逃れた子どもたちの癒しの問題と地域社会における子どもの生活文化創造の可能性をさぐることが、子どもと共に生きるという視点から求められている。

教育社会学者の門脇厚司の「子どもの社会力」の提起は、学校外の「冒険遊び場」などの活動などをふまえて、「人と人がつながる力」「社会をつくっていく力」の必要性を説き、学際的にも注目される研究である(40)。

以上にみるような地域社会における子どもの居場所や青少年教育への関心の高まりにたいして、ロジャー・ハートの『子どもの参画』は、「子どもが育つ地域社会」の社会的な教育をどう構想するか、そこにおける子どもの主体的な学びと育ちのプロセスをどう発展させるかを考えるうえで、きわめて示唆的である。

ハートは、子どもが人とのかかわりや体験をとおして身につけていく自尊感情や社会性の発達を「地域社会の一員として参加すること」や「民主主義を体験すること」と関連づけてとらえており、斬新な提起をおこなっている。子どもたちが大人と対等の対話者であること、子ども自身が地域活動に参加する豊かな能力をもつことが明らかにされている。ここでは、地域課題や環境問題を学ぶアクション・リサーチ的なプログラムの推進をつうじて、「子どもの参画は民主主義を体験することにある」[41]として、つぎのように主張されている。

「子どもたちが自分のコミュニティを調査してみることが必要である。そうすれば、コミュニティの調査とその活動をとおして、責任を分担し、みんなで力を出し合う気持ちが子どもたちに育ち、大人になっても引き続き参画することができるようになるだろうし、地方レベルでの、あるいは国レベルでの、また地球規模での環境の政策決定への参画の大切さを理解できるようになるのである。子どもが民主主義の基本を体得することは、彼らがコミュニティへ参画することのもっとも重要なポイントであり、それはプロジェクトから得られる何らかの具体的な効果よりもはるかに大切なものである。[42]」

ハートの「子どもの参画」論は、子どもを保護の対象としてではなく、権利と責任の主体としてとらえる国連子どもの権利条約の積極的な解釈に裏づけられている。なかでも第二九条について、「市民になるための教育」としてこの条項の趣旨をとらえていることが注目される。[43]この条項は、人権教育や国際理解、環境教育を推進する「教育の目的」をうたっているが、日本では地域における市民教育の提起という点に注目した条文解釈が必ずしも十分になされていないようにおもわれる。

ここではコミュニティへの参加を奉仕・体験活動に矮小化するのではなく、民主主義的な市民教育としてプログラム化し、大人とともに地域社会で調査・学習することが重要であると主張されている。また、こうした子どもの参加が有意義なものであるためには、地域社会が社会的公正の原則にたって民主的に運営され、かつコミュニティをこえる視野を形成する必要があるとされる。

こうした大人と子どもの参加論の意義をふまえつつ、地域における学習プログラムの検討をおこない、地域の教育力を再生するための実践的な方策をさぐることが求められているといえよう。

ロジャー・ハートは、子どもの参画を実現するうえでの大人の課題をつぎのように問いかけている。

「大人さえも真の政治的な参画をしていないのに、子どもに参画の教育をすることの意味は何か？　そうすることによって子どもを騙してはいないか？」

「私たちはいまの社会のために子どもを育てているのではなく、よりよい社会のために育てているのである。[44]」

地域の教育力をどうとらえなおすか、そして現代の教育学研究にその問いをどのように位置づけて、自覚的にほりさげるか。ロジャー・ハートの問いと答えに示されるように、それは、地域社会の教育をグローバルな地球的課題とも関連づけながら、大人と子どもの共同と参画をつうじて創造していく実践的な課題である。二〇世紀初頭の新教育運動における歴史的な問いを、人権と環境の世紀である二一世紀に継承し、問いなおし、問い続けていくことが、私たちの責務といえるのではないだろうか。

（1）　広松伝「川さらえが蘇るとき水と共にある暮らしもまた蘇る——水郷柳川市での掘割浄化運動から」『地域が動きだすとき——まちづくり五つの原点』農山漁村文化協会、一九九〇年、一〇頁。広松は、柳川市役所の職員として市の掘割埋め立て計画に反対し、掘割の再生のために奔走した。住民をまきこんでの大きな運動となり掘割が蘇った。
(2) 溝口謙三「地域社会と教育」『新教育大事典』第五巻、第一法規出版、一九九〇年。
(3) 松原治郎・鐘ヶ江晴彦『地域と教育』第一法規出版、一九八一年、三六頁。
(4) 松原治郎・小野浩編著『地域社会の形成と教育の問題——神奈川県大井町』地域社会研究所、一九七一年、松原治郎・久冨善之編著『学習社会の成立と教育の再編——長野県上田市』東京大学出版会、一九八三年など参照。
(5) 前掲、松原・鐘ヶ江『地域と教育』、三六頁。
(6) 同右、三七頁。
(7) 同右、四五頁。
(8) 藤岡貞彦『教育の計画化』総合労働研究所、一九七七年、二三八頁。
(9) 同右、一一九〜一二〇頁。
(10) 同右、六八頁。「本郷プラン」とは、大田堯が故郷の広島県本郷町で推進した地域教育計画の実践。
(11) 同右、六二頁。
(12) 『世界』特集「父母が学校を開く」岩波書店、一九九〇年五月号、参照。
(13) 藤岡貞彦『社会教育実践と民衆意識』草土文化、一九七七年、二五二頁。
(14) 同右、二四九頁。
(15) その体系的研究は、藤岡貞彦編『〈環境と開発〉の教育学』(同時代社、一九九八年)に集大成された。
(16) 前掲、藤岡貞彦『教育の計画化』、二〇七〜二〇八頁。
(17) 同右、一九八頁。
(18) 同右、一九八頁。
(19) 前掲、松原・鐘ヶ江、四九〜五〇頁。
(20) 同右、四九〜五〇頁。
(21) 久冨善之「地域と教育」日本教育社会学会編『教育社会学のパラダイム展開』(『教育社会学研究』第五〇集

記念号）東洋館出版社、一九九二年、八二頁。

(22) 岩波講座『現代の教育』（全一三巻、一九九八年）の第七巻は『ゆらぐ家族と地域』であるが、このなかで「地域と教育」の問題を正面にすえているのは、拙稿「地域社会における子どもの居場所づくり」のほか一～二本にすぎない。

(23) 増山均『子ども組織の教育学』青木書店、一九八六年、二二九、二三五頁。

(24) 増山均「子どもの文化権とアニマシオン」佐藤一子・増山均共編著『子どもの文化権と文化的参加』第一書林、一九九五年。増山均『ゆとり・楽しみ・アニマシオン』労働旬報社、一九九四年。同『アニマシオンが子どもを育てる』旬報社、二〇〇〇年、など参照。

(25) 酒匂一雄編『地域の子どもと学校外教育』（日本の社会教育第二三集）東洋館出版社、一九七八年。吉田昇編『学校外教育』（講座『現代社会教育』Ⅶ）亜紀書房、一九七九年、参照。

(26) 佐藤一子『文化協同の時代』青木書店、一九八九年、参照。

(27) 乾彰夫『日本の教育と企業社会——一元的能力主義と現代の教育＝社会構造』大月書店、一九九〇年。

(28) 佐藤一子「共に生きることと文化を創ること」前掲、佐藤・増山『子どもの文化権と文化的参加』一五頁。

(29) こうした変遷を示すものとして以下を参照。増山均『子育て新時代の地域ネットワーク』大月書店、一九九二年。白井慎他『子どもの地域生活と社会教育』学文社、一九九六年。前掲、小木美代子他編著『子育ち学へのアプローチ』エイデル研究所、二〇〇〇年。

(30) 永井憲一監修、子どもの人権連『自治体でとりくむ子どもの権利条約』明石書店、一九九七年。

(31) 荒牧重人「子どもの権利条約実施と自治体」、同右所収。

(32) 子どもの権利条約市民・NGO報告書をつくる会『〝豊かな国〟日本社会における子ども期の喪失』花伝社、一九九七年。永井憲一他『新解説・子どもの権利条約』日本評論社、二〇〇〇年、など参照。

(33) 喜多明人他『子どもオンブズパーソン』日本評論社、二〇〇一年。喜多明人「学校運営参加を支援する自治立法」、瀬戸則夫「教育情報条例から子どものオンブズパーソン条例へ」（日本教育法学会編『自治・分権と教育法』『講座現代教育法』第三巻、三省堂、二〇〇一年、所収）、など参照。

(34) 今橋盛勝『教育法と法社会学』三省堂、一九八三年。
(35) 兼子仁『教育法（新版）』（法律学全集16-1）有斐閣、一九七八年、二二二〜二二四頁。
(36) 佐藤学「教師の自律的な連帯へ」佐伯胖・藤田英典・佐藤学編『学び合う共同体』（シリーズ学びと文化6）東京大学出版会、一九九六年、一七〇頁。
(37) イギリスのコミュニティ教育の展開については、上杉孝實『地域社会教育の展開』松籟社、一九九三年、鈴木敏正『学校型教育をこえて』北樹出版、一九九六年、など参照。
(38) 児童館・学童保育21世紀委員会編『21世紀の児童館・学童保育』（I〜VI）萌文社、一九九四〜二〇〇一年。
(39) 久田邦明編著『子どもと若者の居場所』萌文社、二〇〇〇年、田中治彦編著『子ども・若者の居場所の構想』学陽書房、二〇〇一年。日本社会教育学会編『子ども・若者と社会教育——自己形成の場と関係性の変容』東洋館出版社、二〇〇二年。
(40) 門脇厚司『子どもの社会力』岩波新書、一九九九年。
(41) 前掲、ロジャー・ハート著、木下勇他訳『子どもの参画』萌文社、二〇〇〇年、七頁。
(42) 同右。
(43) 同右、二三頁。
(44) 同右、二五頁。

# III章　地域社会における子どもの居場所づくり

いけません
大通りは車があぶないから／あそんではいけません
裏通りも車が入ってくるから／自転車のりは　いけません
公園はせまいから／野球をしてはいけません
「いけません」の檻のなかに／とじこめられている　ぼくら
木のぼりができないのは／のぼる木が　ないから
足が弱いのは／走りまわる広場がないから
「いけません」は　ぼくらが／投げかえす　ことば

『子ども白書』一九七二年版(1)

## 1　居場所の喪失と居場所づくり

地域の教育力を語るうえで、一九七〇年代とことなる現代的な困難は、子どもにとって、地域社会が仲間との遊びや生活の場としてなつかしく想起される場所ではなくなってしまったことである。子どもたちが地域ですごす時間も機会も非常に少なくなり、休日に公園や広場で子どもたちの声を聞くことも希になっている。

日本中に衝撃をあたえた一九九七年の神戸の少年殺害事件において、かつて子どもたちの遊び場であった「タンク山」という緑の小空間が、現在は人の近づかない死角として取り残されており、少年Aの宗教的な癒しのための隠れ場であったことは象徴的である。文教都市ニュータウンのまちづくりの過程で子どもの居場所としての地域空間は抹消され、子どもたちは塾や盛り場へ、あるいはひきこもり場所である「自分の部屋」へと居場所を移していった。「透明な存在」という表現に共感している多くの子どもたちの心象風景からは、原っぱや林、露地のような自分たちの自由で活動的な遊び場はもはや消失している。

このような地域社会の現実のなかで、居場所づくりという課題が切実に語られるようになった。子どもたちにとって地域社会の居場所は、どのような意義をもち、どのような方法によって実現されるのであろうか。この問題にとりくむためには、経済発展至上主義の開発の論理と高度経済成長期以降の消費的な生活スタイルを改革し、人間が人間らしく成長する豊かな環境と人間同士の共同的関係をつくるという原点にたち戻ることが求められる。近年の子どもや青年をめぐる諸事件は社会的危機の深まりを示しているが、同時に子ども・青年が社会にむかって発言しはじめているという新たな動向も注目される。子どもの権利条約にうたわれた子どもの意見表明権の実現のありかたを、地域社会という場で大人と子どもが共に模索することに大きな鍵があるといえよう。

この章では、地域の教育力再生の鍵として、大人と子どもの共同関係にささえられた地域社会における子どもの居場所づくりや、そのための環境醸成としての地方自治体の児童・青少年施設整備の意義について考えることにしたい。

## 2 地域社会と子どもの居場所

## 子どもの居場所の意味

子どもの居場所という用語が市民権をえて、共通の関心事としてひろく語られるようになったのは、一九九〇年代にはいってからであろう。田中治彦らの研究によると、すでに一九八〇年代半ばに、斉藤次郎が中・高校生の居場所問題に注目している。[2] また、文部省の研究協力者会議が一九九二年にまとめた「登校拒否問題について」の最終報告書で「心の居場所」という用語が使われ、不登校の子どもたちにたいする心理的な受容の意味で居場所のありかたが問題にされるようになったことも、この用語が一般性をこえて特別な意味をもつようになった転機であるとされている。[3]

全国子ども劇場・おやこ劇場連絡会が刊行した『日本の子どもの文化』（一九九二年版）は「安心して子どもでいられる時間と居場所」「おとなに干渉されない自由な空間」というとらえかたで子どもの遊びの変化をたどり、「子どもに隙を与えない街」と、遊びにおける虚構の世界の肥大化の問題を指摘している。この頃から大半の子どもたちにとってもっとも居心地よい場所が「自分の部屋」であること、また部屋のなかのオーディオ類などの「持ち物」のおびただしさが指摘されるようになった。[4]

雑誌『教育』は「学校外での多様な子どもの居場所づくりは、単なる学校の補完物に止まるものではなく、（中略）子どもの権利を実現する場を多様に構想する実践としての意義をもっている」という編集の視点から、一九九三年四月号で「子どもの居場所づくり」を特集している。ここでは、保健室、地域の私塾、登校拒否の子どもの受け入れ場所などの例がとりあげられている。大人との信頼関係をもちうる中間的領域（公と私をつなぐ半公的空間）でありながら、大人から自由で子ども同士の自治が成立する場という居場所論が提起されている。[5]

また一九九四年版『子ども白書』では、「たむろする空間」(子どもの居場所)という項が設けられ、「居心地よい空間」「欲しいと考えている場所」という項目で、東京学芸大学小澤紀美子研究室のアンケート調査「中・高校生の居場所に関する研究」を紹介している。(6) この調査では、表1に示されるように、「居心地よい場所」から連想されることばのトップは「自分の家」であり、「静か」「落ち着ける」などの安らぎ感が指標になっていることがわかる。

子どもたちが大人から干渉されずに自分たちで群れて、自由にすごすことのできる時間と空間という意味での居場所は、かつては放課後・休日の地域社会における遊び場であった。しかし一九八〇年代には塾がよいや習い事が急増し、五人以上などと決めて友達同士で外遊びをすることが学校の宿題になるほど、放課後に地域の遊び場ですごす習慣は子どもたちの生活から失われてしまった。

仙田満によれば、一九五五年頃の子どもたちの外遊びの時間は一日あたり二・七時間あったが、七五年頃には一・四時間に減少し、さらに九〇年には一時間以下となった。かわって家のなかの遊びが外遊びの四倍近くなり、この傾向は都会よりかえって環境的に恵まれた田舎の方が顕著であるという。仙田の調査によれば児童公園で遊ぶ小学校低学年・幼児の滞在時間も、一九七〇年代には平均五〇分であったが、八九年には三〇分と大幅に減っている。一九七〇年代の変化のひきがねは都市化とテレビ、受験競争の激化であり、八〇年代の要因はファミコンの爆発的普及と塾・習い事の増大、受験の低年齢化である。もちろん原っぱや公園などの遊び空間も一九五五年に比較して九〇年代には約四〇分の一に減少しており、都市部の自然やオープンスペースの消失は著しい。(7)

## 自由時間行動とコミュニケーションの構造的変質

しかし子どもたちが外で遊ばなくなったとはいっても、自由時間そのものが減少しているわけではない。NHKの生活時間調査によると、小学生から高校生まで一九七〇年当時と比較して九〇年代には平日も休日も自由時間はむしろかなり増加している[8]。しかしその時間の六〇~八五パーセントは、テレビ・ファミコンなどによって消費されており、とくに中・高校生の場合、テレビ・ビデオ視聴が平日でも二時間半から三時間、日曜日には四~五時間と長く、それ以外のスポーツや趣味的な稽古事の時間をふくむ余暇活動

**表1 “居心地よい場所”から連想する言葉**

| | 中学 | 高校 | 計 |
|---|---|---|---|
| 自分の家 | 84 | 68 | 152 |
| 静か | 30 | 45 | 75 |
| 落ち着ける | 15 | 32 | 47 |
| 公園 | 18 | 26 | 44 |
| 緑 | 18 | 20 | 38 |
| 寝られるところ／布団の中 | 19 | 10 | 29 |
| 快適な温度 | 10 | 13 | 23 |
| 原っぱ | 17 | 5 | 22 |
| 自由 | 12 | 8 | 20 |
| 友達の家 | 10 | 7 | 17 |
| 海 | 9 | 8 | 17 |
| 人目を気にしないでいられる | 4 | 12 | 16 |
| 好きなように過ごせる | 9 | 7 | 16 |
| 広い | 6 | 10 | 16 |
| 晴天の下の芝生の上 | 6 | 10 | 16 |
| 友達がいる場所 | 0 | 15 | 15 |
| 一人でいられる | 4 | 10 | 14 |
| ふわふわしたところ | 7 | 6 | 13 |
| 心／体が休まる | 2 | 9 | 11 |
| 気兼ねがいらない | 1 | 9 | 10 |
| 安心感 | 0 | 9 | 9 |
| 図書館 | 5 | 4 | 9 |
| 干渉されない／怒られない | 2 | 7 | 9 |
| 長い時間いられる | 0 | 8 | 8 |
| 人が少ないところ | 4 | 3 | 7 |
| 映画館 | 3 | 3 | 6 |

出典　注(6)参照.　(人)

時間は、平日には三〇分以下、日曜日も一時間四〇分と少ない。中学生は部活と塾がよいの時間が長く、中年男性勤労者なみのスケジュールに追われており、自由時間は家でテレビをみたり、音楽を聴きながら一人でぶらぶらしているという生活スタイルが浮かび上がる。

そして九〇年代末には、受験と部活に拘束されていた中・高校生も、その過半数が「学びからの逃走」といわれるような、放課後の学習時間の減少、学習放棄・学習意欲の喪失の状態が顕著となり、学校生活による精神的なつなぎとめが崩壊しつつあるとみられている(9)。

中・高校生の生活から学校の学習外の自由な読書活動が消失していることも、自由時間行動の大きな変容である。二〇〇一年の『毎日新聞』読書調査によれば、一カ月に一冊も本を読まない不読者層は中学生で四三パーセント、高校生では五九パーセントに達し、小学校高学年の不読者層も増大しつつある。読書好きの子どもも決して少なくないが、子どもの生活の多忙化、家庭環境における文化的な差異、さらにはメディアによって醸成される活字離れの傾向などが不読者層の拡大に作用している。

こうした自由時間の実態にみるように、子どもたちは一方では学校や塾などで競争と管理のもとで長年さらされてきたストレスから逃れようとしており、他方では自由時間の大半を家のなかで、一人または少人数でバーチャルなメディア世界に入り込んですごしている。

最近ではマスメディアの世界のみならず、携帯電話・電子メール・インターネットなどの「浮遊するコミュニティ(10)」における、偶発的・流動的で匿名性をもった生活空間に居場所を見いだしている青少年が非常に増えている。直接的な生活場面で結びあう人間関係とコミュニケーションは希薄化し、実社会の問題を共に考え解決していく共同的関係を体験できないまま思春期を通過していくことが一般化している。虚構の世界への逃避としてメディア世界に埋没している青少年の場合、実生活上での家族、学校、社会との心理的断絶が深くならざるをえない。

インターネット上での出会いが援助交際、自殺の幇助、ストーカー行為などをつうじて事件化する例も急増している。性の商品化や欲望の絶えざる刺激のなかで、こうした陥穽から身を守る判断能力を培うことは、とくに現実社会に鬱積した不満をもつ十代の青少年にとっては困難である。メディアの発達によってグローバルなレベルで情報の交流が可能になり、ITによるコミュニケーション方法が必要不可欠となっている一方、バーチャルな世界におけるリアリティの喪失の問題にどう対処するか、生活体験的な能力の形成や生身の人間関係の発展をともなった居場所づくり、さらにはメディア環境の内部における人間的な対話の回路形成が切実に求められているのである。

### 居場所づくりの現代的な課題

子どもたちの自由時間のすごしかた、人間関係やコミュニケーション方法の構造的な変質によって、文化的・人間的な貧困化が危惧されている。幼い頃から「身体的ぶっつけあいの安心と心地よさ」[11]を共有する時間がなくなったために、幼児の段階から子どもたちが心理的にいらだち、ムカつくことが多くなり、人間的な感覚が著しく希薄になったことが指摘されている。

一九九五年に子ども劇場がおこなった小・中・高校生対象の「子どもの生活と芸術・文化」調査[12]によれば、「とても疲れている」子どもは七割に近く、「なんとなくイライラする」子どもも五割に達している。キレる子どもたちの問題は、自己中心性、暴力性、傷つきやすさなど、社会化の遅れにも関連しており、幼稚園・保育園や小学校低学年の段階での人間関係の発達を阻害する要因ともなっている。

このような心理的抑圧感の高まりのもとでは、子どもの居場所は子どもたちが能動的に集まり、群れて心身を解放し、自治的・創造的に企てをおこなう時間・場所という本来の意味よりも、保健室や不登校のサポート施設のように、受容され、安心できる緊急避難の場、疲労を癒すために心のケアが求められる場所という意味あいが強くなっている。不登校にとりくむグループから「居場所」が切実な問題として提起されたことは偶然ではない。他者と共にあること、関係を結ぶこと自体が、大人の配慮によって獲得されるべき現代的課題となっているのである。

当然のことながら、地域に青少年施設があるだけでは子どもは足を向けない。子どもたちが出会いをつうじて、そこを居心地の良い、受容される場所として共感するきっかけが必要である。他方ではコンビニをはじめ、盛り場のゲームセンターやカラオケなどが中・高校生の居場所となり、万引きや喫煙・薬物、援助交際などの土壌ともなっている。気心の知れた友だちや異性と共にすごすことを子どもたちが求めており、そこに群れることも当然ながら子どもたちの要求である。しかし、図7にみるように東京の女子高校生のテレクラ利用は三〇~四〇パーセントに達し、援助交際の経験も相当潜在していると推定される(13)。盛り場に群れる中・高校生の性行は、大人社会のゆがみに直結しているとともに、群れていても孤独を癒しきれない青少年特有の欲求や心理的空洞感を示しているといえるであろう。

日本でもマリー・ウィンのいうように、大人と子どもの境界線がなくなりつつある。「子ども時代を失った子どもたち(14)」の問題は、自由時間行動にたいする家庭・親の無力化と地域社会の居場所の喪失によって特徴づけられており、学校が管理・監視機能を強化させていくことと悪循環をなしてきた。学校五日制

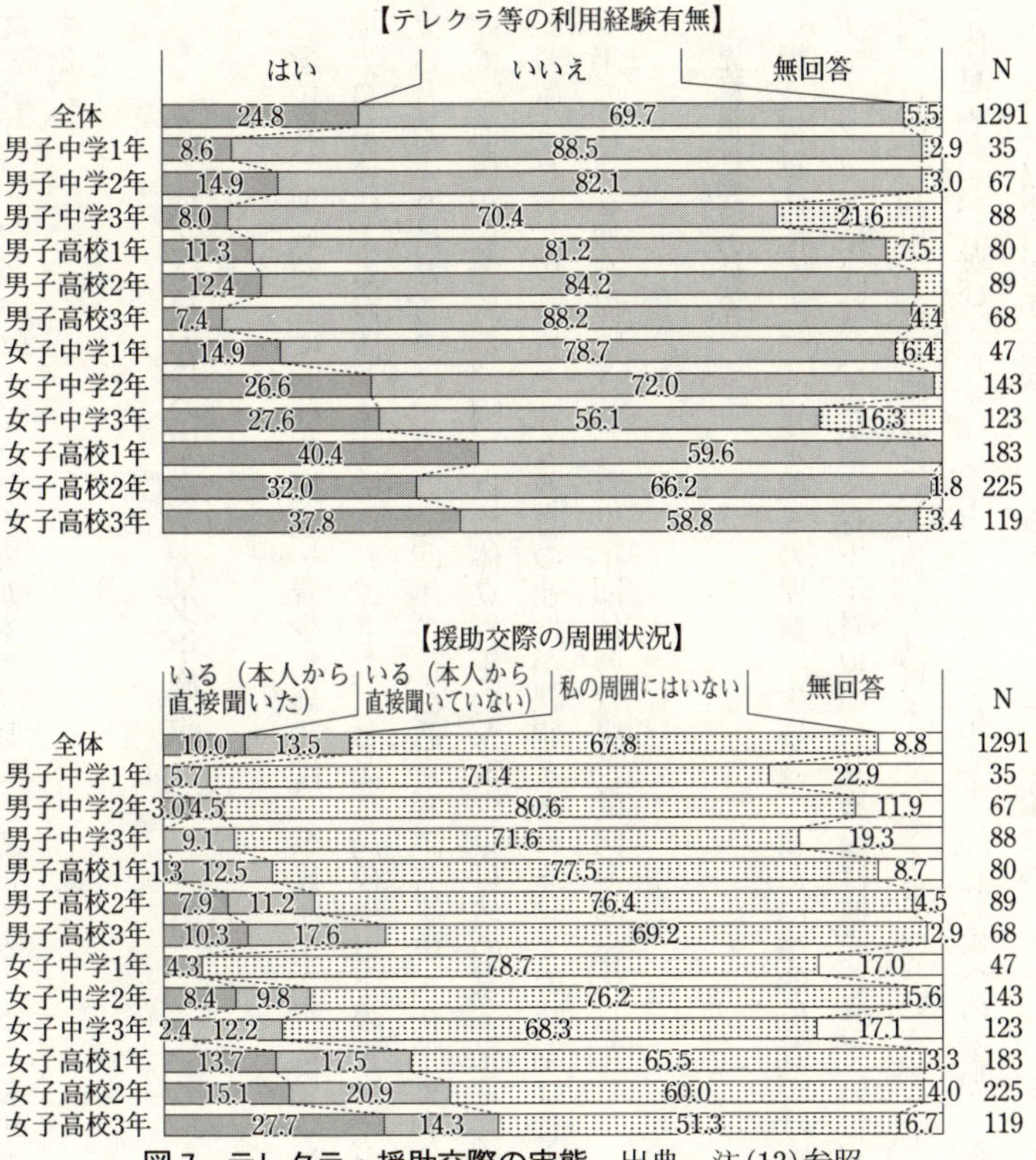


**図 7　テレクラ・援助交際の実態**　出典　注(13)参照.

によって単に家庭と地域に子どもを「返し」たとしても、この悪循環の構造を変えないかぎり、むしろこうした傾向は増幅していくのではないかとおもわれる。

子どもの居場所づくりは単なる空間的な場づくりではなく、子どもの自由時間行動における文化的選択と、それにともなう人間関係の社会的発展をふくむ発達環境形成の問題であり、自分の部屋と生活文化活動の場を能動的に結ぶ社会的なひろがりという意味をもっている。学ぶこと・進路をさがすことの契機となる自分さがしと他者との出会いをつうじて、青少年の自立・社会参加を促す居場所のありかたが本格的に探求されなければならないのである。

## 3　地方自治体の児童・青少年施設

学校外、地域社会における児童・青少年施設は、戦後制定された児童福祉法、社会教育法にもとづき、地方自治体による設置がすすめられてきた。しかし高校生以下の青少年をひろく対象とする専用施設が設立されるようになるのは、一九七四年の社会教育審議会答申「在学青少年に対する社会教育の在り方について」前後からである。国・自治体立青年の家・少年自然の家・児童文化センター・図書館・博物館などが設置され、学校教育と社会教育の連携が課題とされる。この時期は青少年の健全育成政策の観点から青少年の社会参加が提唱され、青少年団体の育成の動向も活発化した。

### 児童福祉施設の拡充

児童福祉法にもとづく児童館等の児童厚生施設、新たに法的位置づけをみた学童保育所、その他のレクリエーション施設など、児童・青少年対象の公共施設は拡充されているが、表2にみるように、日常生活圏で自由に利用できる施設という点では質・量とも不足している。子どもの権利条約では、第三一条に「休息・余暇、遊び・レクリエーション、文化的生活・芸術への参加」がうたわれているが、国連への市民・NGO報告書が指摘しているように、この条項については「いまだ子どもの権利として確認する社会

的合意が成立していない」段階にあるといえよう。(15)

しかし、近年の学童保育所・学童クラブの著しい発展は注目される動向である。図8にみるように学童保育所は八〇年代以降急増して二〇〇一年段階で約一万二〇〇〇カ所に達しており、とくに大都市では小学校区ないし二つの小学校区に一館の設置がめざされている。共働き家庭の子どもたちが小学校区の日常生活圏で放課後・休日をすごす生活の場として要望が高い。専用施設があり指導員態勢が保障され、父母も運営に参加しながら地域における子どもの生活・遊び・文化をはぐくむ施設として、父母・住民の運動によって増設されてきた。現在入所児童は約四一万人であるが、それでも多くの待機児童がいる。指導員の雇用、場所の確保、学校五日制導入後の土曜開所など多くの課題があるが、地域のなかで異年齢集団の子どもたちの遊びや生活の自立をはぐくむ場であり、親たちが相互に交流しながら子育ての悩みを解決する場としてひろがっている。(16)児童福祉法に位置づけをみたことによって国の補助金も急増し、公設公営による制度化がすすめられている。

児童館については一九七〇年代以降の東京都下の施設拡充が推進力となって全国的にひろがりをみた。現在、東京都二三区には小学校区から中学校区ごとに合計五〇〇館の区立児童館が設置され、一五〇〇人の専門職待遇の専任指導員が配置されている。全国的にみても高水準の公共的な環境整備であり、地域の教育力が提唱される今日、その可能性が注目されている。実際、豊島区の調査によれば、小学校低学年では週二～三日以上児童館を訪れる子どもが過半数を占め、頻繁に出かける遊び場のトップにあげられている。二三区全体ののべ利用人数は年間一二〇〇万人に達する。

近年は中・高校生の利用を拡大するために新しい実験的な施設づくりもおこなわれている。児童館では

表2　児童・青少年の学校外・余暇活動のための公共施設

| 所管 | 施設名称 | 設置数 | 所管 | 施設名称 | 設置数 |
|---|---|---|---|---|---|
| 青少年教育施設 | 国立青年の家 | 13 | 児童福祉施設 | 児童厚生施設 | |
| | 公立青年の家 | 238 | | 児童館 | 4,028 |
| | 国立少年自然の家 | 14 | | 児童遊園 | 4,157 |
| | 公立少年自然の家 | 171 | レクリエーション施設 | ユースホステル | 416 |
| | 児童文化センター | 25 | | 観光レクリエーション地区 | 42 |
| | 公民館 | 17,525 | | 青少年旅行村 | 80 |
| | 図書館 | 2,172 | | 公営国民宿舎 | 286 |
| | 博物館（相当施設をふくむ） | 861 | | 国民休暇村 | 32 |
| 公共スポーツ施設 | 陸上競技場 | 716 | | 自然休養林 | 91 |
| | 野球場・ソフトボール場 | 4,777 | その他 | 勤労青少年ホーム | 536 |
| | 運動広場 | 6,819 | | 地域農業改良センター | 591 |
| | プール | 3,529 | | 都市公園 | 61,344 |
| | 体育館 | 5,589 | | 農山漁村青少年教育施設 | 154 |
| | 柔剣道場 | 1,932 | | | |
| | 庭球場 | 4,300 | | | |

出典　平成6年度版『青少年白書』より筆者作成.

注：なお『青少年白書』には収録されていないが，都道府県・市町村の公共施設でホールを有するものは2,342館（財団法人自治振興センター『地域における芸術文化振興のための施策のあり方』1994年）設置されている.また300席以上のホールをもつ公立施設は1,602館あるとされている.（住友生命総合研究所『我が国の芸術文化の動向に関する調査』1993年）

父母参加の運営委員会や「おやじの会」、あるいは地元商店会やコミュニティ組織、保育園、図書館なども連携して、「まち」をベースにした子育てネットワークづくりにもとりくんでいる。その時々に展開する遊びのほかに、木工・美術・表現活動・料理・読書・野外活動などの余暇・生活文化創造活動をはじめ、地域と協力した文化的な行事もおこなわれ、母親と幼児のサークル育成もおこなわれている。

遊び・仲間・「まち」を媒介としながら一人ひとりの受容の過程に配慮している児童

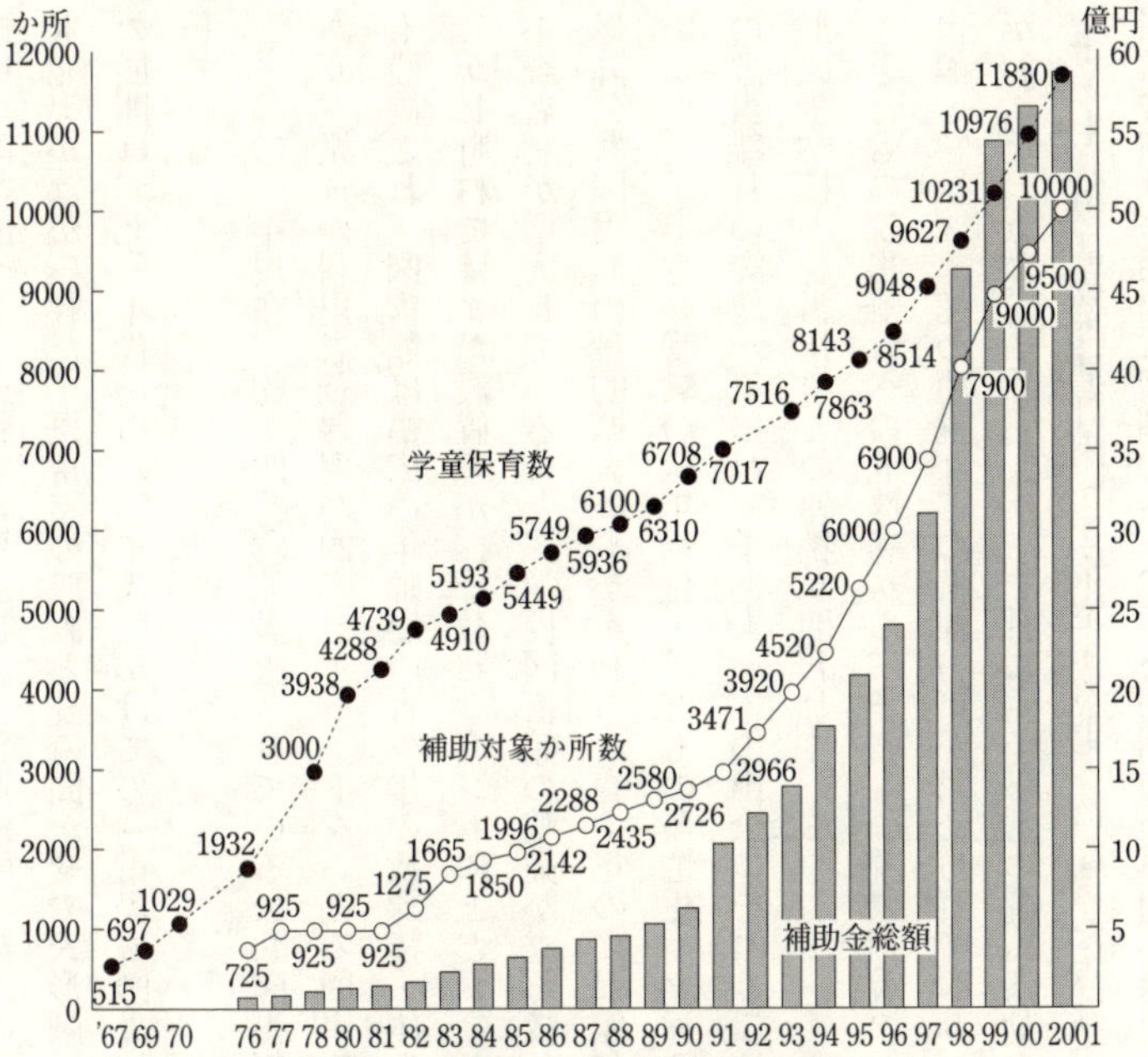


**図 8　学童保育と国の補助金の推移**

出典　注(16)『学童保育のハンドブック』参照.

館・学童保育所の活動は、時間的多忙さと消費的にあたえられる文化のなかでゆとりを失っている子どもたちにとって、異年齢集団の遊び、開かれた地域社会の居場所づくりの意味をもつ。大人にとっても家庭・学校・地域社会の連携のもとで子どもたちの問題を共有していくためのネットワークづくりの可能性をもっている。[17] しかし、他方で自治体財政の悪化により、専任指導員態勢の確保が難しくなっており、職員雇用形態の多様化やボランティアの活用など、新たな運営上の課題も生じている。

**社会教育施設における子ども対象事業**

図書館は一九七〇年代に母親たちの自主的な家庭文庫・地域文庫の活動や

市民の図書館づくり運動を背景として、急速に中小都市の公共図書館建設がすすみ、児童サービスの面でも充実がはかられた。児童室の設置と読み聞かせや人形劇・映画会などの文化活動をふくむ児童サービスの展開は、七〇年代から八〇年代にかけての「市民の図書館」とよばれる身近な公共図書館の発展を象徴している。

二〇〇一年現在、約二四〇〇館設置されている公共図書館の貸し出しの三分の一は児童への貸し出しであり、児童の利用者登録率が四〇パーセントをこえる図書館も多数存在する。「ヤングアダルトコーナー」も設置され、図書館は幅広い年齢層の青少年の放課後・休日の居場所として重要な役割を果たしている。しかし町村ではまだ設置率が二十数パーセントにとどまっていること、中・高校生の読書離れがすすみ、不読者層が増大していること、学校図書館の整備が立ち後れていることなど、課題は多い。八〇年代半ば以降公共図書館の量的拡大にもかかわらず青少年の図書館利用率が低下し、その傾向に歯止めはかかっていない。子どもの受験の低年齢化・子どもの多忙化、ファミコンなどメディア文化の影響を受け、子どもの読書離れの実態がみられ、子どもと本の出会いをつくる地域にふみだした児童サービスのネットワーク形成や学校の読書指導との連携が問われている。(18)

子どもの読書離れへの危機感から、子どもの読書指導の促進、学校図書館への司書教諭の配置、公共図書館と学校図書館の連携などの振興方策が求められており、二〇〇〇年には国会で子どもの読書年の決議がおこなわれた。二〇〇一年一二月に「子どもの読書活動の推進に関する法律」が制定され、都道府県が「子ども読書活動推進計画」を策定するようになった点は大きな前進である。しかし他方で公共図書館の図書費削減の動向も深刻であり、社会的関心の喚起が課題となっている。

八〇年代にはいると博物館も次第に新設され、都道府県立の大型施設だけではなく、身近な地域博物館も増大してきた。それにともなって展示中心の活動にとどまらず、参加型の事業を重視するようになり、体験活動や講座事業、自然観察などの博物館教育事業が推進されるようになった。伊藤寿郎が説いたような「社会の要請にもとづいて、必要な資料を発見し、あるいはつくりあげていく」、「市民の参加・体験を運営の軸とする」「第三世代の博物館」が次第に定着しつつある。(19) 一九五〇年代に比較して社会教育法上の博物館は四倍以上の約一〇〇〇館、入館者数は年間のべ一億三〇〇〇万人に達している。

第三世代の博物館のなかには青少年科学館や子ども動物園などの児童対象施設も数多くふくまれ、野外教室や美術・木工などの創造活動、土器づくりや藍染めなどの文化財の体験講座事業、ワークショップや青少年サークルづくりなど、青少年の主体的な参加を重視し、ボランティア育成をおこなう事業が推進されている。博物館は教員のためのプログラムを実施して学校との連携をはかっているが、近年は体験型教育事業の普及と学校五日制によって子どもたちの個人利用ものびており、教育施設としてのみならず、遊びや発見、文化的な余暇活動の場としても重要な意義をもっているといえるだろう。学校における総合的な学習との連携、参加型事業の推進のために、博物館教育の専門家養成や事業部門の確立、プログラムの充実、学社連携のための組織づくり、ボランティア養成など、新しい施設イメージや役割にともなう職員態勢の充実と事業の拡大が課題となっている。

全国に約一万八〇〇〇館設置されている公民館は、日常生活圏にもっとも密着している地域社会教育施設である。学校五日制対応の子どもむけ事業が多くの館でおこなわれており、幼児をもつ母親たちのための保育つき講座などをきっかけとする子育てグループが各地に誕生し、子育てネットワークもひろがりをみている。公民館は、ＰＴＡの成人教育講座や家庭教育学級の開催をつうじての学校教育と地域との連携の場、青少年団体の研修やリーダー養成の場、子どもたちが集まり、文化的活動を自主的におこなう場として地域の教育力の重要な核となっており、学社連携・融合事業の推進の役割が期待されている。青少年対象の社会教育事業においては、文化・レクリエーション的な活動が重要性をもつことが指摘されるが、その内容は予算や職員配置の点できわめて貧弱である。かつて上笙一郎が指摘したように、青少年の学校外文化活動は独自の法的な規定や行政上の明確な位置づけをみないままに、職員の任意のとりくみにまかされてきた[20]。児童館などの児童福祉施設と青年の家や一般の社会教育施設のはざまにあって、青少年に対する文化的なアプローチや増山均の提唱するアニマシオンなどの活動方法は体系化されてはこなかった。もっぱら健全育成という目的や「福祉に欠ける子ども」の救済という行政的手法が優先されてきたことは、日本における学校外児童・青少年施設とその事業につきまとう貧しさ、魅力の欠如を示しているといえよう。

さらに学校外の児童・青少年施設は指導員の専門性が明確ではなく、一般事務職員が配置されたり、教職・保母退職者やソーシャルワーカーなどの有資格者が非常勤施設職員となっていることが一般的である。ヨーロッパでプレイワーカー（遊びの指導者）、ユースワーカー、グループカウンセラー、アニマトゥール（文化活動指導者）などの専門的な指導者像が形成されていることにくらべると、子どもを預かり安全に遊ばせるという観点から青少年施設や児童厚生施設などが運営されている日本の現状には問題が多い[21]。健全育成や「福祉に欠ける子ども」の保護という考えかたから脱却し、地域のすべての子どもにたいして豊かで文化的な学校外生活を保障するために、自治体が積極的に環境醸成をはかることが期待されている。とくに勤労青年や幼児・小学生などを主とした従来型の学校外施設・事業にたいして、中・高校生を対象とする魅力的な施設を創造することが今日的な課題といえよう。スウェーデンやデンマークでは、学校教育においても余暇教育が導入され、自由時間を楽しみと人間的なゆとりのために活用することが習慣となるように、子どもたちへの指導がおこなわれている[22]。社会教育施設は学校五日制対応の中核施設として期待されているが、青少年が自発的に参加し、真にみずからの居場所と感じられるような自由な空間となるためには、施設の運営条件や職員のかかわりかたはもとより、青少年が地域社会で余暇を自由にすごすという考えかたの確立と環境整備が重要な課題である。

後述する東京都杉並区の青少年施設「ゆう杉並」をはじめ、長野県飯田市のように自治体・地域住民団体あげて二〇年以上にわたって人形劇カーニバルを推進している例[23]、東京都世田谷区や国分寺市のように野外公園をＮＰＯに委託して冒険遊び場を確保している例[24]、東京都町田市の子どもセンター「ばあん」のように、親・子どもたちが多数参加しつつ施設整備や事業を発展させている例など、地方自治体が市民団体とパートナーシップを形成して子どもの居場所づくりや文化活動を推進している動きが注目される。子ども図書館、おもちゃ図書館や子ども専用劇場なども、公的設置が立ち遅れているなかで、ＮＰＯなどの市民活動による設置がひろがっている[25]。

思春期前半の子どもは「自分のことばをもっていない」という困難に直面しており、「自立のたたかいをはじめた彼らを受け止め、意味づけ、ともにたたかってくれる、信頼できる他者が現実的にも内面的にも登場しないと」思春期統合ができないと竹内常一は指摘している[26]。児童館・学童保育所、子どもの学校外活動を推進する社会教育・児童福祉施設・青少年団体の教育文化的な活動は、子どもたちにとって、家庭とも学校ともことなる中間的な居場所づくりの意味をもつ。そこにつくられていく共同的関係のなかでこそ、子どもは安心感をもって受容され、自己と他者とのかかわりを認識しながら自分のことばを見いだしていく。その過程に指導員や大人がかかわり、参加と自立を支援すること、また中・高校生自身が自分さがしをしながら社会との出会いを体験することが居場所づくりの意義であり、学校や家庭では果たせない独自の機能といえよう。

## 4 中・高校生の居場所づくりと参画

### 青少年施設「ゆう杉並」の実現

今まで主として小学生を対象として推進されてきた児童館が中・高校生の居場所として模索を始めていることは、児童館の新たな可能性を拓くこころみとして注目される。

東京都杉並区立児童青少年センター「ゆう杉並」は一九九七年九月にオープンした、中・高校生対象の大型児童館である。開館以来多くの中・高校生が来館し、全国的に注目されるようになった(27)。その理由は、構想の段階から公募で中学生二六名、高校生一七名による総合児童センター建設中・高校生委員会が設置要項にもとづいて設置され、その要望を反映して建物プランが実現され、さらに建設後の運営委員会も公募制によって二〇名余の中・高校生が主体的に運営にかかわっているからである。中・高校生の希望にもとづいて個人自由利用に配慮した多様な機能を備え、音楽・スポーツ・演劇などの高度な専門的機能をもつこの児童館は、中・高校生自身の運営システムを導入した魅力的な地域の居場所づくりの実験といえる。

中・高校生委員会の検討結果報告書には、建設の「基本的考え」がつぎのようにまとめられている。「中・高校生がいろいろな人たちと自由にふれあい、交流・活動することで、思春期特有の悩みを解消し、仲間づくりを活発に展開できる、『ゆとりある場と機会』を提供する役割を期待したい。その中で、中・高校生自らが、それぞれの目標（夢）を発見・向上・実現するために、多くの『人』と進んで語らい、関わりあうことで、地域における健全な人間関係をつくりだしていきたい。」

中・高校生の意見を反映して、運営理念として「中・高校生の主体的活動を支援し」、「中・高校生の積極的な参画」をはかること、「いつでも、誰でも、一人でも立ち寄れる」自由利用を拡大すること、「中・高校生の自己実現の機会と場を提供」し、「中・高校生自主企画事業」を推進すること、「自主サークルの形成・育成への支援」をおこない音楽・スポーツ分野にサークル連絡会議をおくこと、などが提言された。館の主催講座事業でも専門家を招き、ミュージック・ワークショップやスタジオ利用講習、パソコンによる作曲指導など専門性の高いニーズにこたえる活動を展開している。

建設直後に発足した中・高校生運営委員会の委員長（当時都立高校三年生）は、「中高校生のたまり場といえば、塾やゲームセンターだったが、みんなが集まれるいい施設をつくってもらった。今度はどう生かしていくかが僕たちの課題。試行錯誤しながら頑張りたい」（『読売新聞』一九九七年九月一〇日）と抱負を述べた。

中・高校生対象の大型児童館づくりは、杉並区内の小学校区ごとの四四館の児童館活動の展開をふまえた指導員集団の課題意識と活動の方法論の蓄積にもとづいて五年間模索されてきた。施設・運営面に中・高校生の意見を数多くとりいれたこと、建設協議会で中・高校生の意見表明がおこなわれたこと、中・高校生の運営委員会が自主企画事業を推進すること、三五名の職員配置で夜間九時まで開館する態勢をとったことなど、従来の青少年施設にはみられない思い切った方針が貫かれている。自治体・地域社会・学校外施設職員が一体となって中・高校生の意見を聞きながら、指導員や関係者と共に施設づくりと運営をすすめるという新しいコンセプトをとり入れた背景には、学校・家庭と地縁集団に頼った教育システムでは、現代の中・高校生の生活実態を変え、社会的な自立を支援することはできないという認識があった。そして、児童館の現場から提起されたこのような認識が議会や区の行政に共有されなければ、新しい構想による実験的な施設づくりは困難であったにちがいない。

中・高校生は、かつて公共図書館閲覧室などの主要な利用者であったが、現在地域社会の公共施設や社会文化活動の場でその姿をみることは希である。家族は塾や部活に通っていれば安心しており、中・高校生の自立の危機や社会文化的貧困など、かれらの生活の質を問うことは二のつぎとし、もっとも葛藤の多い世代である中・高校生の内面の要求には無関心となっているか、一時の我慢だとおもっている。杉並区の実験は、児童館とつながりをもっていた中・高校生自身がそうした大人のとらえかたに一石を投じ、自分たちも地域社会の一員として参画する意志と能力があることを社会的に表明したという点で、子どもの権利条約の精神を体現した新しい世代形成の動きを感じさせる。

「おとなたちのオレらに対する認識違いがあまりにも多い」、「この半年間に成長できた自分が、今ここにいるのも、みんながいたからである」、「センターを生かすも殺すも、自分でありみなさんであると思います」、「こういう、何か意見を言うことのできる場に参加できて、とてもうれしく思います」[28]……。参加した中・高校生の感想には、仲間づくりと居場所づくりを自分たちの手ですすめ、そのことをつうじて地域社会の一員として参加したいということが自らの責任において率直に主張されている。こうした意見をひきだし、耳を傾け、一緒に考えること自体が、青少年の自立の支援の基本的な方法であるといえよう。ここから大人と子どもの新しい関係づくりが始まるのである。

## 居場所づくりの可能性と課題

学校的な枠組みの学習自体に背をむける子どもたちが急増し、家庭でも対話がなく自室にひきこもって孤独になっている状況は深刻の度を増しているが、他方では、「ゆう杉並」の活動にみるように、むしろ自由時間行動のレベルで社会文化的選択を子どもたち自身が主体的におこなう可能性が生まれている。青少年の参加と自立を支援する地域社会における居場所づくりにおいては、共同的関係と自主性を育てながら、子どもたちを一人前扱いしててていねいにむきあう大人自身のかかわりかたが問われていることが浮きぼりにされている。自発的な遊び仲間が消失している現在、地域の居場所づくりには信頼できる大人と異年齢・異文化の仲間との出会いが重要な条件になっているといえるのである。

「ゆう杉並」は、全国に先駆けて中・高校生自身の提案を尊重し、行政が魅力的な場づくりに成功した事例である。何より重要なことは、ここでは癒しや安らぎなどの受動的な居場所保障のイメージから、中・高校生が集まり、自治的共同的に活動を創造していくという積極的な地域の居場所づくりの方法論がうみだされてきたことである。大型児童・青少年施設建設というハードに先だって、中・高校生の自主的運営、群れながらやりたいことを自由に探求する多様なプロセスを実現しうるソフトが重視されたこと、参画型運営それ自体を目的としつつ、福祉・文化・教育にわたる総合的な環境創造のありかたを提示した点に、地域の居場所づくりとしての「ゆう杉並」の意義をみることができる。
青少年の参加と自立を支援する施設・事業で重要なことは、公益性をもつボランティア・奉仕活動などに参加機会をせまく限定したり、評価をボランティア活動の条件として枠づけてはならないという点である。そうした発想は、大人の側からボランティア活動自体のもつ多様な社会文化的意義を否定する結果をうむ。むしろ大人自身が地域における生活・環境・文化の豊かさ、人との出会いの豊かさに気づき、子どもと共にそれをつくりだしていこうとする地域づくりと生活文化創造が、まず出発点にすえられるべきである。そのうえで子どもの余暇・文化権や意見表明権の意義を地域・自治体全体で認識し、子どもたちがみずからのことばで語りだすように支援していく方法を模索するプロセスこそが、地域の教育力の内実を形成するといえるであろう。育てる者が育てられるのであり、社会参加には文化的な創造過程と地域民主主義の実践がともなっている。
「ゆう杉並」の創設過程に中・高校生と共にかかわった職員のつぎのような感想は、地域社会のすべての大人が共有すべきことであろう。

「大人が期待する方向へ彼らを導こうとする気持ちが前面に出ると、自主性は形だけになりがちです。(中略) 私たちは彼らのパワーに引っ張られるように委員会に加わっていたような気さえします。私たち大人はその経験のなかで、中・高校生の自主性を育てるためには、『彼ら自身がやりたいことを見つけそれぞれの目標にむかうのをひたすら見守る』ことの大切さを学びました[29]」。

ここでは、ロジャー・ハートのいう大人と子どもの相互的で民主的な地域参加の原理が生き生きととらえられている。

子どもも、今を生きる生活者であり、地域社会の一員である。その当たり前の原理にたちかえって大人と子どもの関係づくりをすすめることが、地域社会における子どもの居場所づくりの課題といえよう。居場所づくりの目的は余暇・文化活動の場づくりにとどまらない。フリースペースから出発したさまざまなNPOでは、保護、相談、癒し、仕事や社会との出会い、職業的な訓練なども多彩にくみあわせたプログラムが実施されている。学校で系統だった教育をおこなうという本来の学びの保障がますます重要になっている一方で、自立すること、他者や異文化とかかわること、家族や友人との人間的な絆を取り戻すことなど、「生きること」の模索自体のために地域社会の居場所づくりが必要不可欠となっているのである。民間の青少年団体やNPOなどの試行錯誤をふまえながら、公共の児童・青少年施設が魅力的な空間を創出し、青少年自身による参加型運営・参加型事業の可能性をさらに豊かにひろげていくことが期待されている。

(1)　前掲、日本子どもを守る会『花には太陽を子どもには平和を——子どもを守る運動の五〇年』新評論、二〇〇二年、六二頁より重引。
(2)　前掲、田中治彦編著『子ども・若者の居場所の構想』(学陽書房、二〇〇一年)によると、若者の居場所論のもっとも早い著作として、斉藤次郎『中・高校生の居場所』(鎌倉書房、一九八四年)があげられている。
(3)　萩原健次郎「子ども・若者の居場所の条件」、同右『子ども・若者の居場所の構想』所収。
(4)　全国子ども劇場おやこ劇場連絡会編『日本の子どもの文化』一九九二年版、八頁。
(5)　中島明子「子どもの居場所空間を考える」『教育』一九九三年四月号、国土社。
(6)　日本子どもを守る会編『子ども白書』草土文化、一九九四年、一九六〜一九七頁。
(7)　仙田満著『子どもとあそび』岩波新書、一九九二年。

(8) 総務庁青少年対策本部編『青少年白書』大蔵省印刷局、一九九一年版、三〇頁。
(9) 佐藤学「学びから逃走する子どもたち」『世界』一九九八年一月号、岩波書店。前掲、『世界』特集「学力低下」二〇〇〇年五月号、岩波書店、など参照。
(10) 第二二期東京都青少年問題協議会中間答申『大人も青少年も自立した社会づくり』東京都生活文化局、一九九七年一二月、一七頁。
(11) 村山士郎「子どもたちに心地よさ感覚の時空を」『教育』一九九七年四月号、国土社、一四頁。
(12) 注(4)に同じ、一九九五年版。
(13)『青少年の生活と意識及び青少年と性に関する法制についての調査』東京都生活文化局、一九九七年。
(14) マリー・ウィン著、平賀悦子訳『子ども時代を失った子どもたち』サイマル出版会、一九八四年。
(15) 前掲、子どもの権利条約・市民・NGO報告書をつくる会編『〝豊かな国〟日本社会における子ども期の喪失』花伝社、一九九七年、一八六頁。
(16) 学童保育の動向については、下浦忠治『学童保育――子どもたちの「生活の場」』岩波ブックレット№五六五、二〇〇二年。全国学童保育連絡協議会『学童保育のハンドブック』一声社、二〇〇二年など参照。
(17) 児童館については、前掲、児童館・学童保育21世紀委員会編著『21世紀の児童館・学童保育』Ⅰ~Ⅵ、萌文社、一九九四年~二〇〇一年、参照。
(18)「図書館からみた青少年の読書」日本図書館協会『図書館年鑑』一九八二年版~二〇〇一年版。佐藤涼子「子どもと本の出会い」前掲、佐藤・増山編著『子どもの文化権と文化的参加』第一書林、一九九五年、所収。
(19) 伊藤寿郎『市民のなかの博物館』吉川弘文館、一九九三年。加藤有次他編『生涯学習と博物館活動』(新版・博物館講座第一〇巻)雄山閣、一九九九年、参照。
(20) 上笙一郎『日本の児童文化』国土社、一九七六年。
(21) 田中治彦「児童館職員と専門職の役割」、前掲、児童館・学童保育21世紀委員会編著『児童館・学童保育と子育ち支援』(21世紀の児童館・学童保育Ⅰ)一九九四年。なお、小林文人・佐藤一子編著『世界の社会教育施設と公民館』(エイデル研究所、二〇〇一年)には、フランス、ドイツ、イギリス、スペインなどの青少年施設、子ども文化施設の発達と専門職員の問題が具体的にとりあげられている。
(22) 前掲、佐藤・増山編『子どもの文化権と文化的参加』。
(23) 飯田市人形劇カーニバルについては、前掲、佐藤一子『文化協同の時代』。同編著『文化協同のネットワーク』青木書店、一九九二年。人形劇カーニバル飯田実行委員会『人形たちがやってくる――人形劇カーニバル飯田十周年記念誌』、一九九〇年、など参照。
(24) 加賀屋真由美『子どもとつくる遊び場とまち』萌文社、二〇〇一年。
(25)『子どもの文化』（特集「子どもがはばたく地域・施設ハンドブック」）一九九七年七月・八月号、子どもの文化研究所。
(26) 竹内常一『子どもの自分くずしと自分つくり』東京大学出版会、一九八七年、二〇四頁。
(27)「ゆう杉並」については新聞・雑誌記事や職員・中高校生による報告など数多い。代表的なものとして以下を参照のこと。鈴木雄司「『総合児童センター』建設と中・高校生委員会の活動」前掲、児童館・学童保育21世紀委員会編『児童館・学童保育と子ども最優先』（21世紀の児童館・学童保育Ⅲ）一九九六年。鈴木雄司・戸澤正行「中・高校生がプランニングした児童青少年センターの開設――公的施設における新しい居場所」前掲、児童館・学童保育21世紀委員会編『児童館・学童保育と自立ネット』（21世紀の児童館・学童保育Ⅴ）一九九九年。戸澤正行「一五〇％満足にむけて――児童青少年センターの取り組みから」『青少年問題』一九九八年一月号。河津慶裕「新しい体験――中・高校生の地域参加について」、戸澤正行「児童青少年センター『ゆう杉並』のとりくみと課題」『教育』一九九九年四月号。鈴木雄司・佐藤裕「中・高校生の新しい居場所『ゆう杉並』――建設から運営まで中・高校生の参画をポリシーに」前掲、久田邦明編『子どもと若者の居場所』。
(28) 杉並区総合児童センター建設中・高校生委員会検討結果報告書『It's Little Wing』一九九四年一〇月。
(29) 前掲、戸澤正行「児童青少年センター『ゆう杉並』のとりくみと課題」、四二頁。

# Ⅳ章　子どもＮＰＯと地域ネットワーク

今子どもたちにとって大切なことは自然があたえられることではない。

今まで自然と人間がどのように接していたのか、何を考え、何を感じてきたのか、大人が、親が、子どもと自然の間に立って話していくことこそがまず必要なのではないでしょうか。

木内正敏「ナチュラリストのめざすもの」（一九七三年）[1]

## 1　子育て・青少年活動とＮＰＯ

一九九八年三月に「特定非営利活動促進法」（通称ＮＰＯ法）が制定され、同年一二月から非営利団体の法人格取得申請が開始された。二〇〇二年七月段階で認証された団体は七七〇〇をこえ、さらに増大しつつある。この法律は、大きな資金をもたなくとも、社会性・公益性をもつ活動を推進したいと考える市民グループが比較的容易に法人となる道を開いた。従来の公益法人制度の許認可制を大幅に緩和し、市民活動の社会的認知に新しいしくみをもたらした。非営利団体が数十万も存在している米国やフランスなどにくらべれば、日本のＮＰＯはまだ幼弱な段階ではあるが、市民団体が公益性を社会的に主張しながら活動する条件がひろがり、市民参画型社会にむけて新たな可能性がうまれたといえる。[2]

この法律には、「社会教育の推進」「文化、芸術又はスポーツの振興」「子どもの健全育成」など、直接社会教育行政の所管となっている項目が活動分野として列挙されている。子育てや青少年の学校外活動にとりくむ団体がＮＰＯ法人格を取得しているほか、環境やまちづくり、福祉、人権などの分野においても、子どもの健全育成や社会教育の推進を付随的な事業として位置づけている団体が三割近く存在する。(3)一九九八年の生涯学習審議会答申「社会の変化に対応した今後の社会教育行政の在り方について」においても、民間の諸活動の活発化の一環としてＮＰＯの役割があげられており、公益性をもつＮＰＯが地域の子育て支援や福祉・文化活動の推進の担い手として期待されている。

これまでみてきたように地域の子育てや学校外青少年活動にかかわる分野には一九七〇年代以降、多くの任意団体、グループが発展してきており、そのなかの主要な団体には社会教育関係団体として補助金も支出されている。しかしＮＰＯは社会教育関係団体の枠にとらわれず、内容的にも新しい発想や役割意識をもった団体が少なくない。行政側からは、ある程度専門性をもった市民的事業体というとらえかたから、公共事業の委託の受け皿としての期待も高まっている。このように、ＮＰＯが誕生することによって、地域社会における市民と行政とのパートナーシップをめぐって新たな青少年活動や子ども文化が創出されており、その可能性や問題点が問われているのである。

本章では、これらのＮＰＯの成立経緯と活動実態をふまえ、これまで検討してきた子育ての共同・協同運動や公的な児童・青少年施設の事業、青少年の居場所づくりなどと関連づけながら、ＮＰＯの側からの活動の発展とネットワーク形成の意義や課題について考えることにしたい。

## 2　ＮＰＯと参画型社会の学びへの模索

### 市民社会の担い手としてのNPO

アメリカの非営利法人制度を表すNPO（Non-profit Organization）という用語が日本で使われるようになるのは一九九〇年代以降である。欧米でも非営利セクターの台頭は一九七〇年代頃から注目されるようになったが、日本ではボランティア団体や市民活動団体の法的整備は遅れ、一九九五年の阪神・淡路大震災を機に、ようやく市民活動団体の法制化の動きが高まった。

NPOという用語を用いる場合、①法人格取得をしていないボランティア団体や市民活動団体を含めてひろく一般的にNPOという呼称を用いる場合、②特定非営利活動法人の法人格を取得した団体に限定してNPOという場合、③行政官庁の認可を受けた民法上の公益法人（「祭祀、宗教、慈善、学術、技芸其他公益に関する社団又は財団」）の法人格をもち、市民的な活動基盤をもつ団体も含めてNPO・NGOと併記する場合など、用語の使われかたに幅がある。[4]

正式には特定非営利活動促進法にもとづいて内閣府（旧経済企画庁）または都道府県に申請し、法人格の認証を受けた「特定非営利活動法人」（通称「NPO法人」）が狭義のNPOである。また、二〇〇一年三月にはNPOの税制優遇について租税特別措置法等の一部を改正する法律が制定され、一〇月から施行された。ここで新たに「認定特定非営利活動法人」（認定NPO法人）という呼称が登場している。しかし、その適用を受けているNPOは非常に少なく、より幅広い公的支援策が求められている。

このような法制が促進された背景として、ボランティア活動、市民活動、住民運動などが活発化し、制度改革や行政への提案、市民相互の社会的サービス事業などを推進する団体が増大したことがあげられる。その結果、つぎのような社会変化が生じたことが注目されるであろう。

第一に、国際的に、現代的な人権の認知が定着し、女性差別やマイノリティ問題、環境保全などの課題にとりくむうえで、請求型・行政批判型の運動にとどまらずに、制度的実現のための参加の場づくりや提言活動に発展する可能性がうまれた。NPOやNGOは、グローバル化のなかで新たな発展の基盤を見いだした新しい社会運動といえる。(5)

第二に、一過性の課題による住民運動で終わらずに、持続的な地域参加をめざすまちづくりへの恒常的なとりくみが定着してきた。市民の関心の多様化のなかで、参加の方法も多様化し、総論的な世論形成ではなく、個別的・専門的な情報発信や調査研究をともなった、直接的な参加のありかたが求められるようになってきた。

第三に、行政と市民の関係を媒介するコーディネートの機能を果たしてきた町内会などが、地縁的基盤の脆弱化、住民の高齢化、地域社会の流動化・グローバル化などによって弱体化し、行政の側にも新たな自治基盤を形成する必要性がうまれてきた。

第四に、行政の合理化・効率化、規制緩和と分権化の流れのなかで、民間セクターへの期待が高まり、公共的責任と非営利・営利の民間セクターとの役割分担や地域の自助・共助の奨励など、行政のサービスの見直しがすすんでいる。

これらの動向をふまえると、市民活動団体やボランティア団体がそれぞれの活動をつうじて自立的発展を遂げ、参画型社会への模索をおこなうなかで、市民社会を形成する新たな担い手として台頭してきたということができる。しかしその反面、新自由主義的な経済政策、地方分権化の推進のもとで、公共サービスの後退、民間の供給するサービスの需要創出、地域社会における自助・共助的な関係再構築への新たな期待など、公共と民間の構造的再編過程のなかで公共サービスの代替・補完機能を市民側に求めるために「参画」が提唱されている矛盾もあるということを見落とせない。

このような参画型社会の発展と矛盾は、日本の伝統的な国家構造に起因する特殊な問題であるとはいいきれない。国際的な開発におけるNGO・NPOの役割の重要性を説いているデビット・コーテンが、「ビジョンを定義することに指導的な役割を果したNGOの多くは、村落レベルの開発レベルに深くかかわってはいるが、国全体の開発戦略を策定するレベルに関与してきたNGOとなるとほとんどない」(6)と指摘しているように、NPO・NGOは地域レベルの内発的発展と国家レベルの国際競争のための再構造化との狭間にあって、葛藤し、模索している。

だからこそ、NPOの成立とひろがりのなかに市民的創意による使命共同体の可能性をみるとともに、それらの社会的役割と機能の実態について検証が求められているのである。そのための検討課題のひとつとして、NPOの教育力への注目がある。

## NPOの教育力と学びの創造

市民参画型社会の新たな担い手としてのNPOは、学校外のノンフォーマルな学習活動において教育主体として市民にとっての新たな学びの方法や場をうみだしているのみならず、体験学習や課題解決学習のプログラムをつうじて、学校と地域を結びつけていくコーディネーターの役割を果たす可能性ももっている。このような学習や文化創造の推進という側面からNPOの教育力の特質をどうとらえるのか、いくつかの視点が示唆されている。

ユネスコ「二一世紀国際委員会報告書」は、参加型民主主義の発展にたいして教育がなんらかの協調関係を構築することが必要であるという観点から、つぎの四つの学びのありかたを提起している。第一に「ともに生きることを学ぶ」(learning to live together)、第二に「知ることを学ぶ」(learning to know)、第三に「為すことを学ぶ」(learning to do)、そして第四に「人間として生きることを学ぶ」(learning to be)である。[7]「柔軟性と多様性を包含するような生涯学習の概念」[8]の定着のなかでこのような学びが模索されているが、NPOの活動はまさにこうした学びの創造を推進する主体であるといえるであろう。

こうした国際的な動向を受けて、「未来のための教育推進協議会」はNPOをふくむNGO一般の教育力について調査報告をまとめている。ここではNGOの教育力の特質としてとくに付随的な学習(偶発的な学習)とエンパワメントを導く学習に注目している。付随的な学習は「課題解決のための行動の結果起きる学習」であり、「NGOの主体性が高く、NGOにしか提供できない教育・学習活動である」とされる。[9]またエンパワメントを導く学習は「主体性の確立」(power within)や「課題解決のための能力を身につけること」(power to)、「共通の目標をもつ」(power with)、「一定の価値観、ある一定の方向にむかう展望の共有」[10](power for)などを実現する学習であるとされる。NGOは、社会矛盾に直面する現場において解決や支援の方策を模索しており、その担い手にとって、学習は理念志向的であるとともに経験知の獲得という意味をもつ。NGOは営利目的の企業とはことなる社会連帯的な関心を共有する「学習する組織」[11]であり、学習によって担い手が成長し、組織を革新しながら社会的学習を推進する主体であるという特徴をもつといえるであろう。

NPOの教育力に注目したもうひとつの調査報告として、生涯学習NPO研究会の『社会教育の推進と

NPO』があげられる。ここでは、NPOを学習志向型と目標志向型に分類し、とくに前者の学習機会の提供を固有の目標とするNPOについて実態を浮きぼりにし、「社会教育NPO」（社会教育提供者）としての性格づけをおこなっている。「NPOは、生涯学習社会における教育・学習機能の一部を構成する重要な要素であり、大きなポテンシャリティを持ったものである」[12]ととらえ、その学習プログラムや運営形態等にたちいって社会教育行政との相互連携の必要性について考察している。

この報告書では、「社会教育NPO」は主に市民大学等、成人への学習機会提供をおこなう団体としてとらえているが、本書では「子どもの健全育成」の活動分野を主目的としながら、教育や文化に関連するよりひろい活動を推進する団体を「子どもNPO」と総称し、これらのNPOがどのような教育力を発揮しながら地域社会で活動しているのかをみることにしたい。

## 3　子どもNPOのひろがりと類型

### NPOの活動・運営実態

NPOやボランティア団体は発足後まもない団体が多く、一九八〇年代後半以降に活動を開始したものが半数に及ぶ。NPO法人の活動分野に関する調査結果によると、図9にみるように「保健・医療・福祉」についで「社会教育」「子どもの健全育成」「まちづくり」などの分野がそれぞれ約三〇パーセントに達している。NPO法人の財政規模は二〇〇万円以下が二七パーセントと多いものの、一〇〇〇万円以上も三七パーセントとなっている。任意団体にくらべて財政基盤は相対的に大きい。常勤スタッフをもつ団

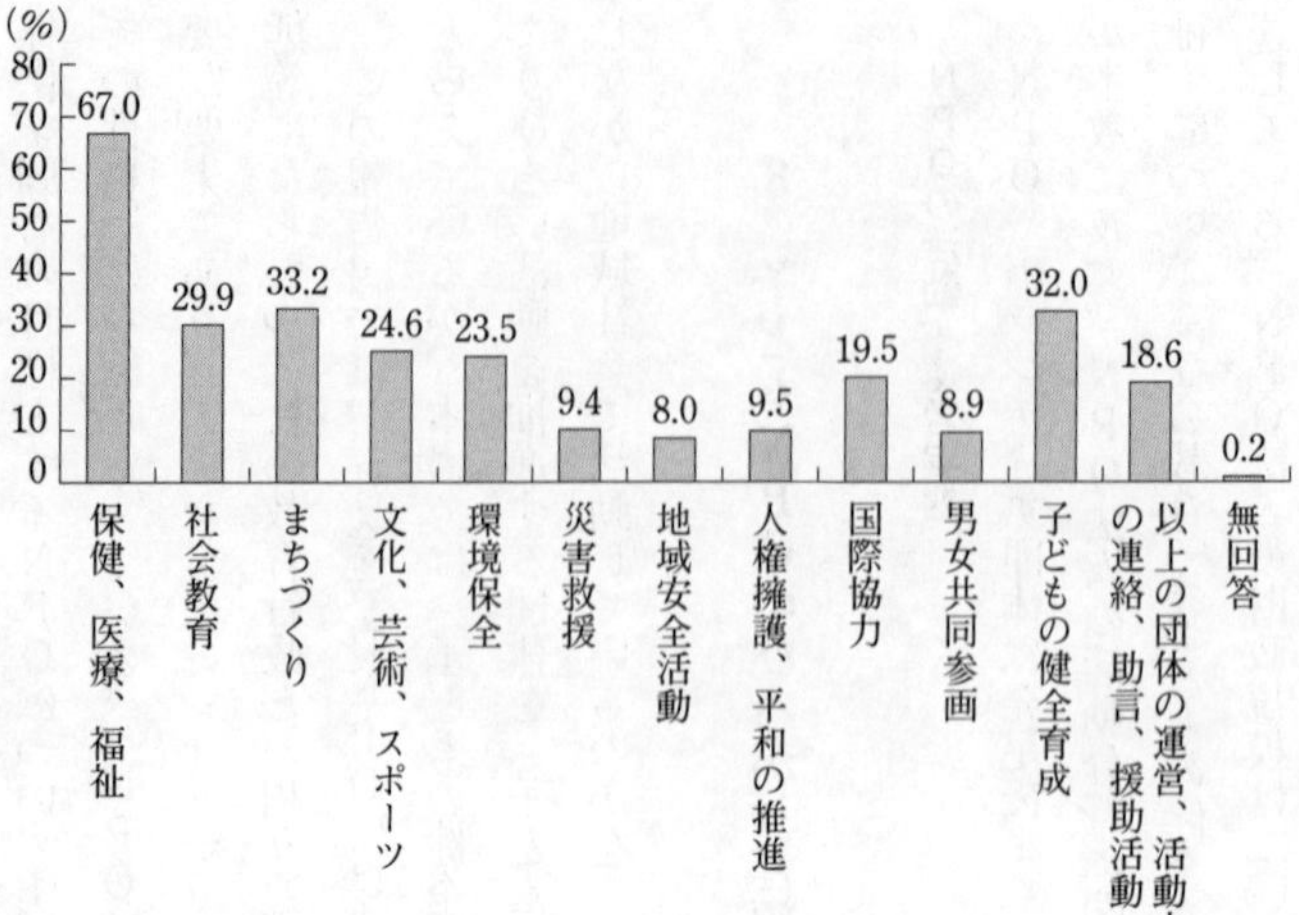


| 回答者数 | 保健・医療・福祉 | 社会教育 | まちづくり | 文化・芸術・スポーツ | 環境保全 | 災害救援 |
|---|---|---|---|---|---|---|
| 663 | 444 | 198 | 220 | 163 | 156 | 62 |
| 割合(%) | 67.0 | 29.9 | 33.2 | 24.6 | 23.5 | 9.4 |

| 地域安全活動 | 人権擁護・平和の推進 | 国際協力 | 男女共同参画 | 子どもの健全育成 | 以上の法人の運営，活動上の連絡，助言・援助活動 | 無回答 |
|---|---|---|---|---|---|---|
| 53 | 63 | 129 | 59 | 212 | 123 | 1 |
| 8.0 | 9.5 | 19.5 | 8.9 | 32.0 | 18.6 | 0.2 |

**図 9　特定非営利活動法人の活動分野（複数）**　出典　注(13)参照.

体も七割近くあるが、人件費の総額が二〇〇万円未満という団体が七割に近い[13]。

多くの報告書や調査で、NPO法人が活動資金に乏しく、活動場所も確保できないことが指摘されており、自治体にたいして、情報・研修などに加えて公的資金による補助、場所の提供を求めていることが明らかにされている。行政の補助や民間財団・基金等の助成金、公立のNPO支援センターの設置、公共施設の提供など、NPOの支援方策は拡大しつつあるが、これらの直接的な支援だけではなく、ボランティア休暇の整備や人材養成、身近な地域で市民の関心を高めることなどの間接的な支援も重要性をもつともわれる。

## 子どもNPOのひろがり

図9でみたように、「子どもの健全育成」をおこなう団体は、保健・医療・福祉、まちづくりについで三番目に多いが、図10によってNPOがかかげている「主たる活動分野」をみると「子どもの健全育成」を主要課題としているNPOは五・四パーセントと、むしろかなり少ない。社会教育とあわせても約一割しか存在しないという実態が浮かび上がる。NPOの半数近くを占めているのは介護保険制度の成立とともに地域社会で必要とされている福祉支援的サービスをおこなう「保健・医療・福祉」関係のNPOである。つまり、子どもの問題は、福祉をはじめ、社会教育や環境保全、文化・芸術・スポーツ、国際協力、まちづくりなどのさまざまな活動分野にまたがって、活動の一部として、あるいはいろいろな世代間交流に配慮した参加者の一部として位置づけられているものと推測される。日本NPOセンターが刊行している年報[14]でも子ども・教育関係のNPOはまだとりあげられていないが、全国的なネットワークとして日本

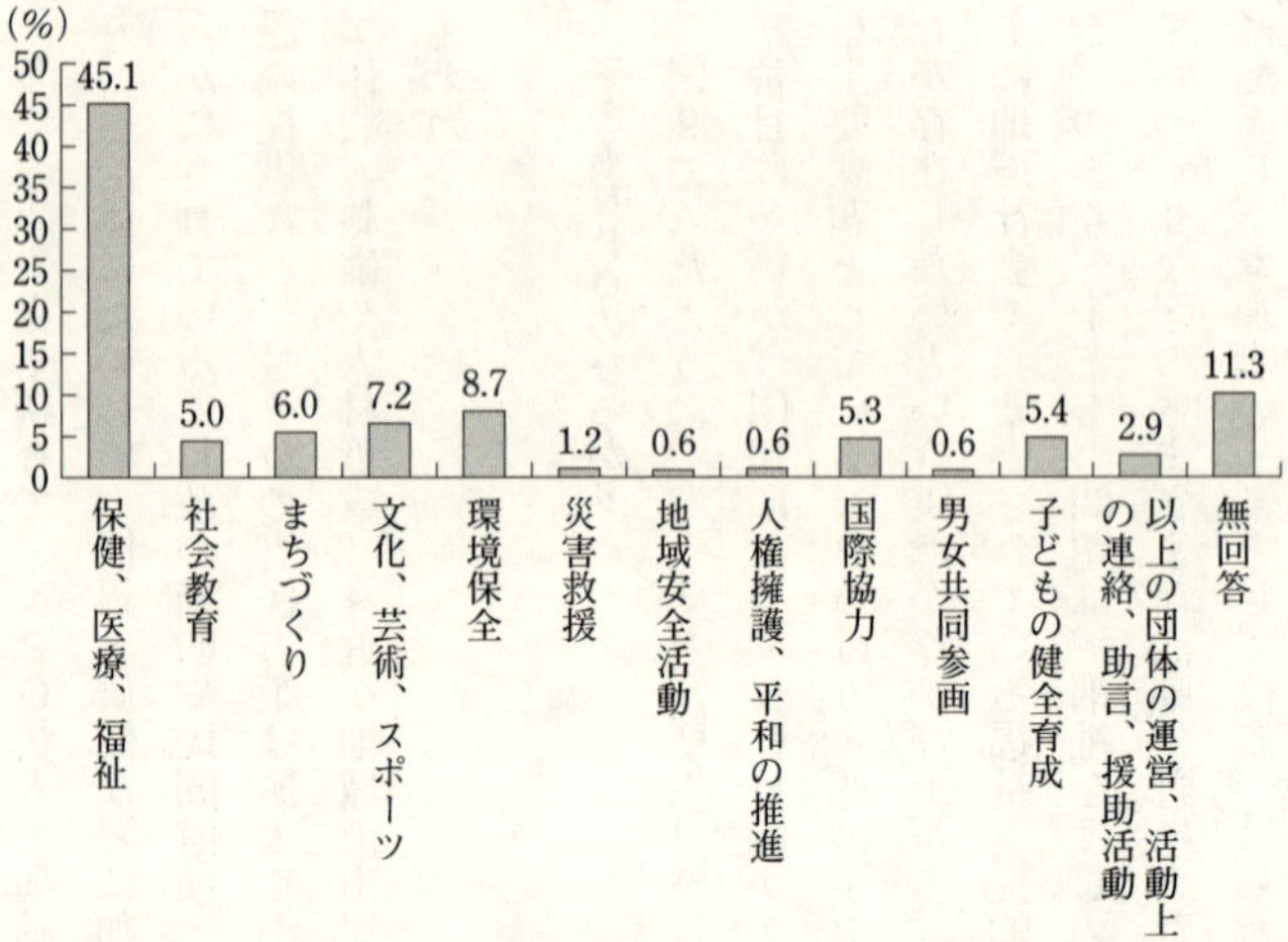


| 回答者数 | 保健・医療・福祉 | 社会教育 | まちづくり | 文化・芸術・スポーツ | 環境保全 | 災害救援 |
|---|---|---|---|---|---|---|
| 663 | 299 | 33 | 40 | 48 | 58 | 8 |
| 割合(%) | 45.1 | 5.0 | 6.0 | 7.2 | 8.7 | 1.2 |

| 地域安全活動 | 人権擁護・平和の推進 | 国際協力 | 男女共同参画 | 子どもの健全育成 | 以上の団体の運営，活動上の連絡，助言・援助活動 | 無回答 |
|---|---|---|---|---|---|---|
| 4 | 4 | 35 | 4 | 36 | 19 | 75 |
| 0.6 | 0.6 | 5.3 | 0.6 | 5.4 | 2.9 | 11.3 |

**図 10　NPO 法人の主たる活動分野**　出典　図 9 に同じ.

子どもＮＰＯセンターの設立がすすめられており、今後関心が高まるとみられる。

以上のことから、子どもにかかわるＮＰＯは旧来の社会教育関係団体とはかなりことなる性格をもつと考えられる。従来の社会教育関係団体の場合、地域子ども会、スポーツ少年団、ボーイスカウト・ガールスカウトなどの例にみるように、青少年を特定の対象として組織し、年齢段階に応じた活動をおこなっている団体が多い。これにたいしてＮＰＯは、「子どもの健全育成」それ自体を目的にするよりも、多様な課題・事業にとりくむ市民活動の一環として、一般成人や障害者、外国人などとともに子どもをまきこんでおり、世代をこえた参加形態のなかに子どもを位置づけている例が多いとおもわれる。

他方、地域で子どもにかかわる活動をすすめている任意団体やグループの数は非常に多い。たとえば埼玉県とさいたまＮＰＯセンターの編集協力によって、任意団体・グループに範囲を広げた市民活動団体の一覧が作成されている[15]。これによると任意団体・グループ等を含めて掲載されている団体数はＮＰＯ法人の一〇倍の約千団体に及んでおり、このうち子ども・教育・子育て支援などを固有の目的とする団体は二〇〇団体をこえる。このほかに、子どもと芸術文化、障害をもつ子どもの支援、国際交流と子ども、環境保護と子どもなど、各分野の活動にまたがる任意団体で子どもを意識的に位置づけて活動している団体は約五〇〇団体に達する。つまり、法人格をもたない数多くの任意団体・グループが「子どもの健全育成」や「子育て」を目的として活動しており、任意団体の大半が子どもを意識的な対象として位置づけ、活動をおこなっていることがむしろ一般的であることがうかがわれる。

このことから、子どもにかかわる団体が任意団体にとどまらずに、あえて法人格取得をおこなう場合には、それなりの特別な事情や必要性があるという予測がなりたつ。そうした視点から、実際に法人格を取得した子どもNPOを類型化してみることにしよう。

## 子どもNPOの類型

東京多摩地域で「子どもの健全育成」を主な目的としてかかげているNPO一一団体について、活動内容をみてみると、子ども劇場（文化活動）二団体、冒険遊び場（遊びと公園運営）一団体、共同保育（親子グループ）二団体、ほかに教育全般にかかわる団体としてカウンセリング活動の団体、障害者や不登校児の自立センター、自立支援的な学習塾、レクリエーション団体などがあげられている。[16]

そのほかいくつかの県のNPO団体一覧から「子どもの健全育成」を主目的とするNPOを抽出してみると、子どもNPOは事業内容の面からつぎの三つの類型に大別できる。

第一のタイプとして、会員制にこだわらずに、不特定多数に文化・レクリエーション的な機会を提供しているNPOがあげられる。これを「文化協同・創造空間型」NPOとよぶことにしよう。

このタイプのNPOは、任意団体として全国的にひろがった子ども劇場・おやこ劇場連絡会の多くが県単位でNPO化の方向を選択したため、全国的にひろがりをみている。会員数の多い組織であることから、NPOとして再発足する過程で子どもにかかわる多彩な事業を企画・推進するようになり、県レベルの子育て・子ども文化ネットワークのかなめの役割を担い、子どもNPOセンターとして、公共施設や諸任意団体とのネットワークを推進している場合も少なくない。

活動内容としては、舞台芸術や映画鑑賞などの公演機会の提供、芸術セラピーや音楽・演劇ワークショップなどをおこなう芸術教育事業の推進、子ども文化祭や国際交流など、行政ともタイアップした地域・

自治体レベルの子ども文化事業への協力、さらには野外活動や遊びとの連携へとネットワークを発展させている。また、市民グループが自力で子ども図書館や美術館、文化活動の創造空間をうみだしているもの、行政から委託を受けて小ホールなどを管理運営するものなど、拠点施設を設置しているNPOも存在する。

これらのNPOは、芸術創造集団と鑑賞活動を結びつけながら子どもたちに文化事業を継続的に提供したり、文化活動のための施設を運営することを主目的としており、地域社会や行政からの認知をえるために法人格取得を必要としている。公立文化ホールのような事業提供型ではなく、地域において文化を創造し、協力関係をうみだしていく協同事業の推進がベースとなっている。

第二のタイプとして、子育てを共同でおこないながら地域の子育て環境を整備する目的で発足している「共同の子育て・子育て支援型」NPOがあげられる。共同保育・学童保育所、電話相談などのチャイルドライン、障害児の放課後クラブ、法人型児童館、冒険遊び場、親子のたまり場などの例がある。冒険遊び場の多くは任意団体として、公園で一定期間「冒険遊び」を実施している場合が多いが、恒常的に遊び場を運営するため法人格を取得し、行政との委託関係をもつ例もある。

第一のタイプと第二のタイプは重複する面もあるが、後者は日常的な生活圏により密着しており、児童福祉や子どもの人権、環境問題、まちづくりなどにかかわる総合的な活動にとりくんでいる。行政の子育て支援事業や子育てネットワークとの接点も大きい。

なお、第一と第二タイプの中間型として総合型地域スポーツクラブのような、複数のスポーツ団体が連携して地域スポーツ施設を運営するNPOも近年注目されている。地域スポーツの振興や学校の部活の地域移管の受け皿として補助金も出されているが、施設運営と指導者養成の問題があり、自立的な財源確保は難しい。都市部では民間スポーツクラブとも競合する。農村部で当初から公的なスポーツ施設の委託対象として育成された例を除くと、NPOによる総合型地域スポーツクラブはまだそれほどひろがりはみてはいないが、学校五日制のもとで発展が期待されている。

第三のタイプとして、不登校のサポート・居場所づくりや体験学習のための施設、長期滞在型山村交流施設など、学校教育を補完したり、オルタナティブな教育機会を提供することを目的に成立したフリースペース・フリースクール・塾などのNPOがある。これを「教育協同・学校補完型」NPOとよぶことにしたい。不登校やひきこもりの青少年のサポート、環境教育や職業体験などのプログラムを提供する教育団体、自然体験学校、障害者の自立支援施設、山村留学受け入れ施設、国際的な異文化交流団体や外国人の子どもたちの日本語学習支援などの例があげられる。

体験学習や環境教育などの場合、かなり大きな施設を確保し、財団として法人格を取得している場合もあるが、多くのフリースペースや作業所は財政的に困難であり、法人格取得にふみきるメリットがあまりない。一般の学習塾を経営するかたわら自立支援などのNPOとしての社会的な活動を推進している場合も、公益性をどう社会的に認知されるかという課題をかかえている。

第三タイプのNPOは、学校で学ぶことが困難な子どもたちを学校外で支援し、さらには学校だけでは対応しえない地域にねざした生活体験学習や自立支援事業を展開するなど、新たな教育創造にむけてさまざまな模索をおこなっている。公教育制度の外において、オルタナティブな教育の意義を追求し、子どもとともに親や専門家、地域団体等が協力して創りだしていく協同の教育事業である。今後はアメリカのチャータースクールのような「コミュニティスクール」や、芸術、スポーツ、青少年の職業教育などの専門分野の塾やカルチャーセンターに近いNPOも発展する可能性がある。

学校に「不適応」とみなされる子どもたちを受容する教育・学習のプログラムや居場所づくりをおこなっている活動の場合、社会的認知が十分なされず、公的支援も受けにくいという状況にある。民間の塾やサービス事業体、あるいは野外活動・スポーツなどの分野で発達してきた社会教育関係の青少年団体と比較して、NPOの存在意義がまだ十分明らかではなく、学校との連携も不十分という状況にあるといえるであろう。しかし、子どもたちの学校外における総合的な学習や体験学習の必要性から、この分野の団体は今後ニーズが増大するとおもわれる。

以上、子どもNPOを「文化協同・創造空間型」「共同の子育て・子育て支援型」「教育協同・学校補完型」という三つに類型化したが、その活動や運営形態は、それぞれの活動をうみだしてきた地域の教育文化運動団体の系譜とも深い関連がある。一九七〇年代から八〇年代にかけて運動的なひろがりをみた団体が、少子化や親たちの意識の変化に直面して新たな活動形態を模索し、あるいは地域社会の認知をつうじて活動基盤を強くするためにNPO法人として再発足した例も多い。

表3は、活動分野ごとに法人格取得の理由を示したものである。これによると、教育・文化・スポーツ系の団体は、対外的な信用をえやすくなること、営利目的でないことを理解してもらえることなどが大きな理由となっており、委託事業への期待や収益事業への期待はあまりもっていないことがわかる。子どもNPOにとって、社会的に認知されることが現在のもっとも大きな課題なのである。

従来、青少年の学校外活動については法制度が十分体系化されておらず、児童福祉施設や健全育成的な青少年施設の枠内にとどまったり、あるいは社会教育関係団体や青少年団体の任意の活動にゆだねられる

表3　活動分野分類からみた法人格の取得理由

| | 営利目的でないことを理解してもらえるから | 不動産登記や預貯金口座の開設ができるから | 契約が団体名義でできるから | 委託事業が受けやすくなるから | 海外での活動がしやすくなるから | 会員や協力者が得やすくなるから | 寄付金や援助が受けやすくなるから | 収益を伴う活動・事業がおこないやすくなるから | 対外的な信用が高まるから |
|---|---|---|---|---|---|---|---|---|---|
| 社会福祉系 | 187<br>62.5 | 94<br>31.4 | 147<br>49.2 | 179<br>59.9 | 13<br>4.3 | 133<br>44.5 | 138<br>46.2 | 56<br>18.7 | 248<br>82.9 |
| 教育・文化・スポーツ系 | 71<br>60.7 | 43<br>36.8 | 59<br>50.4 | 41<br>35.0 | 21<br>17.9 | 68<br>58.1 | 64<br>54.7 | 26<br>22.2 | 95<br>81.2 |
| 国際交流・協力系 | 23<br>65.7 | 9<br>25.7 | 14<br>40.0 | 14<br>40.0 | 18<br>51.4 | 18<br>51.4 | 19<br>54.3 | 8<br>22.9 | 28<br>80.0 |
| 地域社会系 | 37<br>71.2 | 14<br>26.9 | 24<br>46.2 | 27<br>51.9 | 6<br>11.5 | 34<br>65.4 | 27<br>51.9 | 13<br>25.0 | 44<br>84.6 |
| 環境保全系 | 31<br>53.4 | 19<br>32.8 | 33<br>56.9 | 32<br>55.2 | 8<br>13.8 | 32<br>55.2 | 28<br>48.3 | 22<br>37.9 | 49<br>84.5 |
| その他 | 16<br>59.3 | 10<br>37.0 | 17<br>63.0 | 14<br>51.9 | 0<br>0.0 | 14<br>51.9 | 14<br>51.9 | 6<br>22.2 | 19<br>70.4 |
| 全体 | 365<br>62.1 | 189<br>32.1 | 294<br>50.0 | 307<br>52.2 | 66<br>11.2 | 299<br>50.9 | 290<br>49.3 | 131<br>22.3 | 483<br>82.1 |

| | 事務局職員の身分保障が安定するから | 権利・義務が明確となり責任ある体制となるから | 将来的に税制優遇措置があるかもしれないから | 他の公益法人を目指したが条件が厳しいから | 特になし | その他 | 無回答 | 総計 |
|---|---|---|---|---|---|---|---|---|
| 社会福祉系 | 46<br>15.4 | 131<br>43.8 | 124<br>41.5 | 54<br>18.1 | 0<br>0.0 | 40<br>13.4 | 2<br>0.7 | 299<br>100.0 |
| 教育・文化・スポーツ系 | 15<br>12.8 | 54<br>46.2 | 57<br>48.7 | 28<br>23.9 | 0<br>0.0 | 11<br>9.4 | 0<br>0.0 | 117<br>100.0 |
| 国際交流・協力系 | 3<br>8.6 | 15<br>42.9 | 18<br>51.4 | 5<br>14.3 | 0<br>0.0 | 4<br>11.4 | 0<br>0.0 | 35<br>100.0 |
| 地域社会系 | 7<br>13.5 | 30<br>57.7 | 21<br>40.4 | 6<br>11.5 | 0<br>0.0 | 0<br>0.0 | 0<br>0.0 | 52<br>100.0 |
| 環境保全系 | 12<br>20.7 | 24<br>41.4 | 27<br>46.6 | 6<br>10.3 | 0<br>0.0 | 5<br>8.6 | 0<br>0.0 | 58<br>100.0 |
| その他 | 4<br>14.8 | 15<br>55.6 | 12<br>44.4 | 3<br>11.1 | 0<br>0.0 | 3<br>11.1 | 0<br>0.0 | 27<br>100.0 |
| 全体 | 87<br>14.8 | 269<br>45.7 | 259<br>44.0 | 102<br>17.3 | 0<br>0.0 | 63<br>10.7 | 2<br>0.3 | 588<br>100.0 |

出典　図9に同じ.

部分が大きかった。子どもNPOの成立とひろがりにみるように、現在学校と学校外、多様な市民活動と子ども、世代間の交流のなかでの子どもなどの視野をもつ新たな担い手が登場している。自治体の総合的な子どもプランが作成され、子ども関係のNPOがさらに増大することによって公的支援のありかたも変化していく可能性がある。

現在のところ子どもNPOは任意団体やグループと実態はあまりかわらず、行政からも社会教育関係団体ほど認知されていない。しかし学校五日制への移行により部活の地域移管への関心も高まっており、施設や場の問題にとどまらず、人材やプログラムの問題も含めて、私的なニーズに応える民間営利事業とはことなる地域・学校外活動の非営利市民協同事業の推進が求められている。今後、子どもNPOが地域にねざした教育力をもつ事業提供主体として定着していくうえで、どのような制度的位置づけや公的支援が求められるのか。学校・社会教育機関や教育行政とどのような連携を発展させていくのか。今日的な課題が生じているといえよう。以下では、いくつかの子どもNPOの具体的事例をふまえて、これらの点をほりさげてみることにしたい。

## 4　子どもNPOの活動と運営

### 「文化協同・創造空間型」NPO――「野の花館」の活動と運営

特定非営利活動法人「野の花館」は、二〇〇〇年四月に宮崎県により認証された。母体は宮崎県児湯郡高鍋町の子ども劇場であり、二五年あまり会員制によって子どものための芸術文化鑑賞活動をおこなってきた、歴史の長い子ども文化団体である。一九九一年に宮崎県子ども劇場の「夢構想委員会」が発足し、翌年、高千穂の神楽宿だった築一二〇年の民家が解体されるのをもらい受けて移築、正面に大きな舞台をもつ「野の花館」を設立した。その後、この館を拠点に高鍋町おやこ劇場と一体となってさまざまな子どもの文化活動を展開してきたが、二〇〇〇年度に特定非営利活動法人として運営組織を確立して今日にいたっている。

同NPO法人の定款第三条（目的）には、つぎのようにうたわれている。

「古い民家を移築し、ここを拠点に、子どもたちの自然体験、文化創造の場、子どもたちを育てる大人の連帯を設け、子どもと子どもをとりまく大人たちの豊かな感性を育む事業を行い、もって公益の増進に寄与することを目的とします。」

また、事業としては主につぎのような内容があげられている。

「子どものための文化・芸術の鑑賞及び創造に係わる事業」
「地域における個性豊かな文化の創造に係わる事業」
「地域の文化振興・交流に係わる事業」
「地域の環境の保全・創出を図る事業」
「伝統的な生活文化の継承に係わる事業」
「文化活動をとおして人権の擁護、平和の推進の活動支援に係わる事業」

「野の花館」の魅力は、なんといっても一五〇人は収容可能ないろりのある大きな座敷であり、黒々とした梁《はり》や障子のある民俗的な生活空間と、張り出した能舞台が幻想的な創造空間を生み出している。竹林を保全した自然の庭を背景に、公演、文化活動、遊び、交流、宿泊が、子どもを中心に親子ぐるみで自在におこなわれており、自然の食材を使った会食用の「野の花御膳」も催しごとに提供されている。文化活動を軸にしているが、二四時間使用できる大きな民家でゆったりとした時間をすごすこと、生活の疲労を癒し、集うなかで生き生きした生活感覚をとりもどすことがめざされている。それをつうじて豊かな人間関係がはぐくまれ、幼稚園児から中・高校生・若者、成人・高齢者まで、さらには、全国のボランティア団体のメンバーなど、さまざまな人びとが自由に立ち寄り、交流する拠点となっている。民家の建っていた土呂久地域の公害（砒素汚染）を語り継ぐ朗読や紙芝居、戦争を主題とする演劇の上演なども、「負の歴史をきちんと伝える」視点から土着的民衆性を継承するという、特色ある文化活動となっている。

建物を移築した七五〇坪の土地が会員によって無償に近い金額で貸与されていること、移築と再建に要した三〇〇〇万円の工事費が子ども劇場をはじめとする関係者の寄付をえてほぼ返済されていること、小さな町ではあるが公演活動が定着して広域的に参加者が集まっていることなど、「野の花館」の運営は財政的にもなんとか軌道にのってきたといえる。現在の運営会員は三一名、賛助会員は一七一名であり、この態勢に落ち着くまでには運営形態をめぐる困難な対立もあった。

二〇〇〇年度におこなわれた事業の実際は、総会資料によると後出の表4のようになっている。財政規模は約四三〇万円であり、財団等から百万円程度の助成金をえている。財政の約半分は事業収入によってまかなわれており、事業はほぼ独立採算ベースで実施されている。文化活動は子ども劇場時代から発展してきたものであるが、法人格取得後、財団等の助成金が増大していることは大きな変化であり、社会的認知のひろがりを示している。事務スタッフの給与が六〇万円、その他はボランティアの無償の協力や物の寄付によっており、無理をしない範囲で「野の花館」を共同の家として活用していく自給的な運営スタイルが特徴といえる。

「野の花館」は設立の経緯と財政の主要な基盤となっている文化的事業という側面から、第一タイプの「文化協同・創造空間型」NPOと性格づけることができるが、定例の文庫活動をはじめ、近年では里山保全や「田んぼ塾」などの地域活動にも結びつき、地域の子育て活動のさまざまな団体との交流を深めているという意味で、第二タイプの「共同の子育て・子育て支援型」NPOの側面もあわせもっている。しかし、公演活動を中心に全国から劇団や演奏家、教育関係者などが来訪する施設であること、それにたいして地元自治体との連携があまりなされず、むしろ県内・全国の広域的なネットワークのなかで活動していることなど、第一タイプのNPOとしての特色をより強くもっているといえるであろう。

文化事業への創造性が自由に探求されるためには、行政との関係は自立的である方が望ましい。しかし、地域の文化資源としての行政による広報や、催し物の共催、人材招請の支援など、今後の子ども文化活動の振興における地元自治体との連携のありかたが課題となっている。(17)

**「共同の子育て・子育て支援型」NPO——「国分寺冒険遊び場の会」**

「国分寺冒険遊び場の会」は、二〇〇〇年一月に東京都により認証された特定非営利活動法人で、国分寺市が設置している遊び場（プレイステーション）の運営委託を受け、公園での子どもたちの遊び、市内の遊び場環境調査、遊びの出前、子育て支援、プレイリーダーの養成などにとりくんでいる。プレイステーションは、国分寺史跡に隣接した閑静な環境のなかに設置されている市の社会教育施設であり、六五〇坪の土地を市が民間から借地している。

表4 「野の花館」の事業（2000年度）

| 計画事業の種類 | 事業内容 | 実施期日 | 参加者数(人) | 備考 |
|---|---|---|---|---|
| 1. 子どものための舞台鑑賞事業 | (1) 横山貴央の民話語り | 2月25日 | 72 | ・日本芸術文化振興会助成事業 |
| | (2) 舞台公演 その3 | 未実施 | | ・「海風」公演を繰延べ，（以下同）4/1（次年度）に公演 |
| 2. 地域文化創造事業 | (1) マルセ太郎「中村秀十郎物語」 | 5月24日 | 110 | |
| | (2) 第6回野の花館まつり…こどものあそび | 5月5日 | 70 | |
| | (3) 濱崎・木内の二人芝居「昼の月 夜の月」 | 5月5，6日 | 5/5：135<br>5/6：123 | |
| | (4) 谷川賢作ピアノコンサート | 12月3日 | 90 | ・「谷川賢作ピアノコンサート」実行委員会による県内4会場開催 |
| 3. 生活文化の継承事業 | (1) 子どもの夕べ<br>火起し，いろりびらき，野の花御膳，おはなし，ひょうたん楽器演奏 | 10月28，29日 | 10/28：56<br>10/29：22 | |
| 4. 人権・平和に関する事業 | (1) 演劇企画「二人の会」の「花いちもんめ」 | 8月26日 | 106 | ・野の花館公演 第4回 |
| | (2) 土呂久を語り伝える企画；<br>①朗読「鉱毒のむら」<br>野の花一座 | 10月28日 | 56 | |
| | ②土呂久メールアート展 | 同28，29日 | | |

| | | | | |
|---|---|---|---|---|
| 5. 野の花館施設づくり事業 | (1) 館内竹林保全とウォッチング、竹細工、植樹 | ①1 月 21 日<br>②2 月 10 日<br>③3 月 18 日 | 45<br>65<br>35 | • 日本財団助成事業 |
| 6. 計画外新規事業 | (1) ボランティア養成塾<br>「子どもとよい遊び仲間になろう！」 | (5 回開催) | | • 宮崎県社会福祉協議会／宮崎県ボランティアセンター企画助成事業<br>• 講師の名前（敬称略） |
| | ①子育ての愉しみ | ① 9 月 10 日 | 24 | ①内田　博（家庭教師） |
| | ②わらべ歌・絵本・お話 | ②10 月 28 日 | 28 | ②落合 美智子（地域文庫主宰） |
| | ③子どもと一緒に手仕事 | ③11 月 12 日 | 11 | ③野村 小由留（主婦） |
| | ④からだと心の発達 | ④12 月 10 日 | 11 | ④長友 早苗（保健婦） |
| | ⑤みんなであそぼう | ⑤ 1 月 21 日 | 22 | ⑤隈元 三枝子（保育園長） |
| 7. 広報事業 | (1) 野の花館だよりの発行 | 季刊 | | • 各季 500 部発行 |
| | (2) 案内「野の花館」 | 2 月末完成 | | • 1 万部作成 |
| | (3) リーフレット「野の花館」 | 3 月末完成 | | • 1000 部作成 日本財団助成事業 |
| 8. 月次定例行事 | (1) 虹色こびとの部屋 | 月 2 回 | (第 2, 4 土曜) | • にじみ絵主体, 5～翌 3 月の間実施 |
| | (2) 心身らくらく教室 | 月 2 回 | (第 1, 3 金曜) | • 5 月～10 月の間実施 |
| | (3) おや親ネットワーク | 月 2 回 | (第 2, 4 土曜) | • 5 月～9 月の間実施 |
| | (4) 演劇教室 | 月 2～4 回 | (金曜日) | • 4 月～翌 3 月の間実施 |
| | (5) 野の花文庫 | 月 2 回 | (土曜午後) | • 随時実施（非定期的に実施断） |

出典　「野の花館」2000 年度総会資料より抜粋.

「冒険遊び場」（プレイパーク）は一九四三年にデンマークでうまれ、一九七〇年代に日本に紹介された。一九七九年に世田谷区の「羽根木プレイパーク」が、行政と住民の協力によって常設化されたことがきっかけとなり、現在では、全国に常設の冒険遊び場が一〇ヵ所、月数回の遊び場事業として実施されているところが約六〇ヵ所ある。通常の都市公園とはことなり、野原や木立、土山を生かした空間で、プレイリーダーがおり、木登り、泥遊び、火遊びや水遊び、畑作、キャンプ、木工遊びなどが自由に展開される野性的な公園である。世田谷区では都市公園の一部を冒険遊び場とし、市民グループが運営に参加し、プレイリーダーについては社会福祉法人世田谷ボランティア協会に委託される形態で維持されており、子どもたちの生き生きとした活動の場となっている。こうした市民活動と行政の協働の経験が全国的に注目され、各地で冒険遊び場を設置しようという動きがひろがってきた。

国分寺市の場合には、一九八二年に財団法人プレイスクール協会が冒険遊び場を設置運営してきたが、九九年に撤退することになり、あらためて市がこれを社会教育施設として条例設置し、ＮＰＯへの委託をおこなう方式で再発足させたものである。しかし、この会は単なる行政主導の受け皿ではない。

現在の会の中心メンバーとなっている母親たちは、一〇年前から「国分寺遊び場を考える会」を発足させ、遊び場の実態調査や遊び場の新設・改修について市への働きかけ、遊び場点検や公園自主管理のボランティアをおこなっていた。プレイリーダーとともに、遊びの出前に協力したり、遊び場子ども会議・中学生会議を開催し、国分寺市のマスタープランにたいして遊び場マスタープランを作成・提案するなどの経験の蓄積があればこそ、冒険遊び場の存続の危機に際して、ＮＰＯの設立に個々の利用者が力を結集したのである。

「国分寺冒険遊び場の会」の法人設立の趣意書には、つぎのように書かれている。

「冒険遊び場『国分寺プレイステーション』の運営を通じて、子どもの遊び場や遊ぶ時間を取り戻し、遊びの環境を整えていくことをめざしました。そしてよりよい子育て環境をつくるために、地域社会全体が子どもたちにとって楽しい場所になるよう、さまざまな事業を行うことで社会全体に働きかけていくことを決意しました。」

定款にかかげられている事業の内容は、つぎのようである。

(1)国分寺プレイステーションの運営事業
(2)遊びや遊び場、遊びの環境づくりに関する情報の収集提供事業
(3)地域の遊び場活動の普及および啓発事業
(4)遊びを豊かにするためのイベントの企画、相談事業
(5)遊びや遊び場、遊びの環境づくりに関するイベント、講演会の指導者、講師派遣事業

国分寺市の側では国分寺市プレイステーション条例を制定し、特定非営利活動法人「国分寺冒険遊び場の会」に委託することを条文に明記しているほか、事業に関してつぎのように定めている。

(1)青少年の集団的・個別的な遊びの指導に関すること。
(2)プレイリーダーとなる者を対象とした研修等の実施に関すること。
(3)青少年の育成を目的とする団体等の育成に関する協力・援助に関すること。

以上のような国分寺市の条例制定とNPOの発足は、日常生活圏にねざして活動する第二タイプの子どもNPOの存在意義を典型的に示しているといえるであろう。ここには一方で、子育ての当事者である母親たちの遊びや環境に対する切実なニーズが共有されており、他方ではそれを公共の立場から保障しようとする子育て支援政策の推進がある。自主保育をしてきた母親たちが、自分たちの遊びと子育ての問題を

まち全体の問題として視野をひろげてとらえてきた点に、こうした公共の支援をひきだす要因があった。そして「冒険遊び場の会」は、子育ての当事者のニーズを政策提言し、行政とともに公共サービスを運営するパートナーとなっていったのである。

二〇〇〇年度に実施された事業は図11のようになっており、運営スタッフとボランティアについては図12のようにまとめられている。冒険遊び場（国分寺市プレイステーション）の年間利用者は約一万三〇〇〇人、市内の公園への遊びの出前（プレイキッズ）の参加者は約二五〇〇人である。このほかプレイステーションの団体利用は表5にまとめられているように、市内の自主保育グループや幼稚園・保育園、学童クラブ、学校など、多くの団体・機関・グループにひろがっている。市の側からの施設の運営委託という形態によってひろく地域社会に認知され、全国の冒険遊び場とネットワークを組みながら、多彩な野外の遊びの事業やプレイリーダー養成をおこなうなど、遊びの文化を子どもたちと共に創造しつつ、遊び場を維持している。

市は委託料として年間三九〇万円を支出しているが、この金額では専任のプレイリーダーの給与や運営資金はまかないきれない。助成金、寄付その他で三八〇万円をえており、全体の財政規模は会費や事業収入を含めて約八六〇万円である。NPOとしては中規模程度の財政基盤をもっているが、専任のプレイリーダーの雇用や有給スタッフの確保については財政的に十分ではない。現在、会員は四五名、賛助会員は一二五名であるが、資金面の悩みは大きい(18)。

「国分寺冒険遊び場」の事例にみるように、第二タイプの「共同の子育て・子育て支援型」NPOは、多くの場合切実なニーズからうまれ、地域社会にねざす必要不可欠な活動として発展してきた経緯をもち、

**特定非営利活動法人「国分寺冒険遊び場の会」では**
**2000年度はこんなことをやりました**

**★　冒険遊び場国分寺市プレイステーションの管理運営**
(国分寺市から委託されています)
自然にあふれ，いろいろな遊びにトライできる冒険基地.
見守るプレイリーダーがいるために，一層，遊びの幅が広がります.

**★　遊びの出前「プレイキッズ」の運営**
市内の公園に遊びを配達します．プレイリーダーと工作材料，工具，遊具等が市内3カ所の公園に現れます．ありきたりの公園があっという間に楽しい遊びの空間に早変わり.

**★「親子で遊ぼうブンブンひろば」の運営**
子育て中のお母さんを応援する活動です．公園に，プレイリーダー，カウンセラー，助産婦などが出向き，親子で楽しく遊びながら子育ての相談に乗ります.

**★「国分寺の遊び場レポート2001」の作成**
市内の公園，緑地，樹林，広場，その他の遊び場の全てを網羅した調査の報告書です．調査スタッフが実際に足で巡って調べました．市内の児童館，社会教育課，緑と水課などに置いてあります.

**★　シンポジウム「豊かな遊びの創造にむけて**
**～考えよう私たちにできること」**
ますます狭くなっていく子どもの遊びの世界．ではどうしたら？　今できることは何か，真剣に考えました．教育委員会との共催事業です.
まとめをつくり，参加者，正会員，PTA等に配布しました.

**図11　「国分寺冒険遊び場の会」の事業**
出典　「国分寺冒険遊び場の会」2000年度活動報告より.

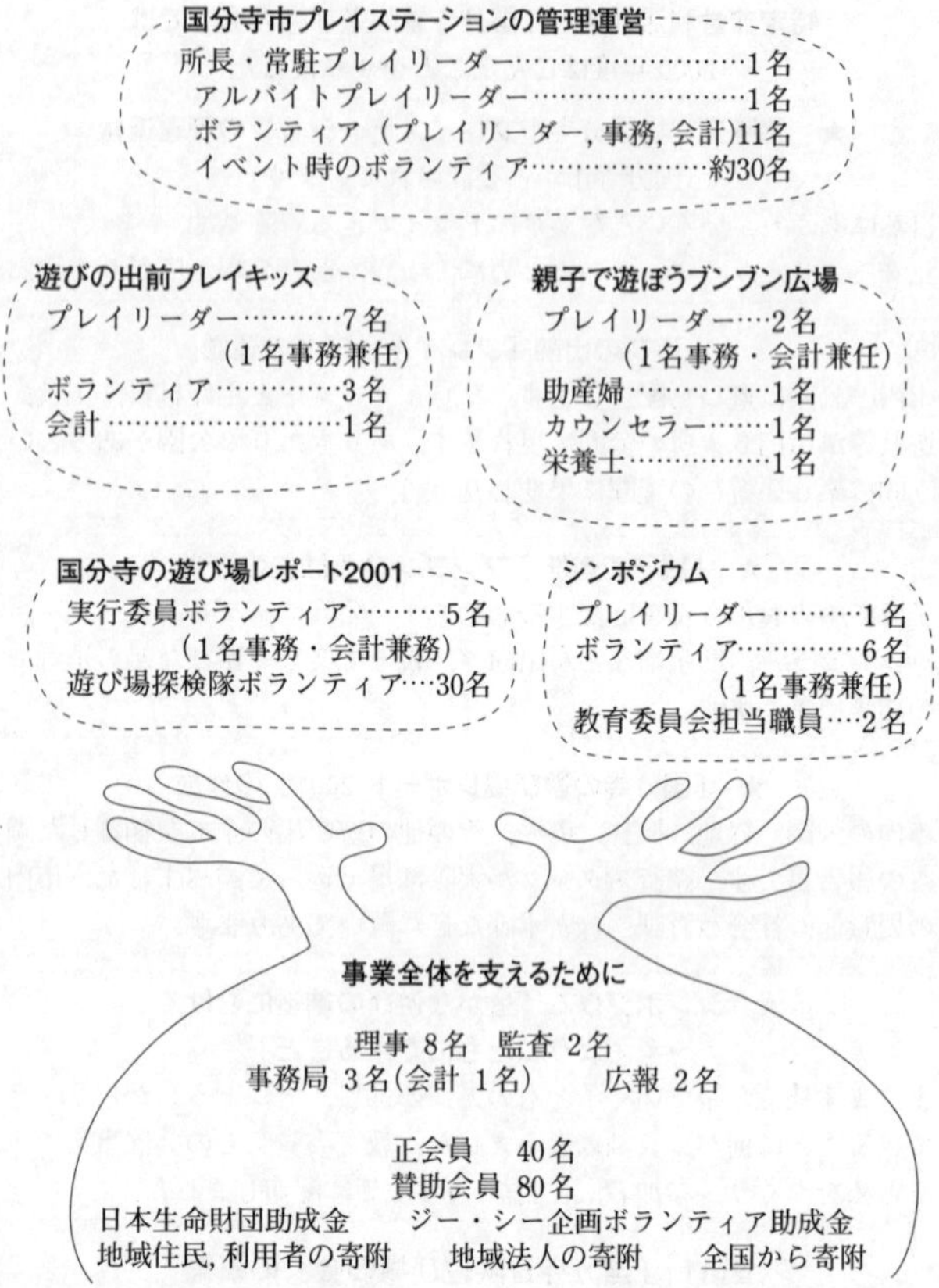
国分寺市プレイステーションの管理運営
所長・常駐プレイリーダー……………………………1名
アルバイトプレイリーダー……………………………1名
ボランティア（プレイリーダー，事務，会計）11名
イベント時のボランティア…………………約30名
遊びの出前プレイキッズ
プレイリーダー…………7名
（1名事務兼任）
ボランティア…………3名
会計……………………1名
親子で遊ぼうブンブン広場
プレイリーダー…2名
（1名事務・会計兼任）
助産婦……………1名
カウンセラー……1名
栄養士……………1名
国分寺の遊び場レポート2001
実行委員ボランティア…………5名
（1名事務・会計兼務）
遊び場探検隊ボランティア…30名
シンポジウム
プレイリーダー………1名
ボランティア…………6名
（1名事務兼任）
教育委員会担当職員…2名
事業全体を支えるために
理事 8名　監査 2名
事務局 3名（会計 1名）　広報 2名
正会員 40名
賛助会員 80名
日本生命財団助成金　ジー・シー企画ボランティア助成金
地域住民，利用者の寄附　地域法人の寄附　全国から寄附

図12　冒険遊び場事業のスタッフ　出典　図11に同じ．

**表5　国分寺市プレイステーションの団体利用**

| |
|---|
| 自主保育グループ（ハンティントン，はとぽっぽ，ぐるんぱ）<br>すみれチーム，東大和あそびの会，四小泉北地区親睦会，学びの広場，国分寺保育園，自主保育連絡会，白鳥幼稚園文化同好会，ガールスカウト，四小元町地区親睦会，白鳥幼稚園親睦会，武蔵村山子供会，子どものくに幼稚園，国分寺子ども劇場，府中北山保育園，戸倉学童保育所，中央保育所，竹の子クラブ，第五小学校地区子供会，日野市どろんこ，小平とんねるの会，第五小学校学童保育，むらさき幼稚園，青少年育成南地区，明星学園2年，第四小学校6年2組，町田たぬき山 |

出典　図11に同じ．

地域のすべての子どもたちにとっての必要性、あるいは福祉的な観点から行政の支援がえられやすい活動内容を基盤としている。したがって第一タイプの「文化協同・創造空間型」NPOよりも公的な子育て支援とタイアップして、地域に密着した活動をおこなえる条件をもっているといえる。

しかし、これらは子どもの遊びを保障し生活を守る事業であり、収益のために有償の事業をおこなうことは難しい。NPOの活動が市民の側から公共性を発展させていくという可能性と、委託という形式による制約のもとで有給のスタッフを確保しにくいという矛盾をどう解決して事業を継続し、新たな担い手を養成していくか。少なくとも指導員など、活動に専門的に従事するスタッフの給与を公的に保障することは、子どもNPOの定着にとって今後の大きな課題といえるであろう。

Ⅴ章で述べるように、現在、余裕教室の利用を中心とする学校開放のなかで遊び場づくりがすすんでいる。こうした公共施設の開放においても指導員の確保は不可欠の課題である。プレイリーダーの配置を必要とする冒険遊び場の運営システムは、今後の学校開放事業のありかたにおいても問われる問題をふくんでいるといえよう。

## 「教育協同・学校補完型」NPO――「越谷らるご」（フリースクールりんごの木）

特定非営利活動法人「越谷らるご」（フリースクールりんごの木）は、不登校の子どもたちにたいする学習支援活動をおこなう居場所・学習施設であり、二〇〇〇年一〇月に埼玉県から認証された。この団体は一九八八年から有志で不登校のサポート活動を開始しており、約十年間、民間の塾の教室を借りて週一、二度、フリースクールを開催するという方式で運営されてきた。このようなフリースクールは多くの場合小規模な任意団体の活動にとどまっており、法人格を取得するケースは少ない。「越谷らるご」の場合は、活動が発展して、マンションのワンフロアーを借りてフリースクールを恒常的に開設するという条件がうまれ、法人格取得を申請することになった。

現在六歳の児童から二三歳の若者まで二五名のメンバーが会員となって通ってきており、会費は入会金五万円、月謝三万円となっている。スタッフは七名で、全員一律の給与が支払われている。若干の助成金はあるが、収入の大半は月謝に依存している。

NPOの設立趣意書にはつぎのように書かれている。

「学校には行っていなくとも、健全な成長にはそのなかでともに生きていく力を身につける仲間集団や、学びを支援してくれるスタッフは必要です。また、心理的、経済的、時間的な理由や、自分にあう選択肢がないなどの理由で、公的教育機関や教育産業の利用をためらう人もいます。一人ひとりちがうその人の事情を理解し、気持ちに共感し、成長と学習をきめ細かに支援する民間非営利活動には社会的な意味があるといえます。」

定款には会の目的がつぎのように記されている。

「本法人は、不登校の児童、生徒、高校中退者、自分に合った社会参加の形を探している若者のためのフリースクールの経営とあらゆる年齢の人びととの生涯学習の支援と、さまざまな不安を抱える人の相談および互助活動の場の提供と、学習者の自主的な学びを支援する制度の拡大を求める活動をおこない、もって公益に寄与することを目的とする。」

定款に定められた事業として、つぎのようなものがある。

(1)フリースクール事業
(2)子どもとの関係や対人関係に悩む人の相談に応じ、互助活動を支援する事業
(3)生涯学習にかかわる事業
(4)活動のなかで得られた子どもの教育と生涯学習について意見を広めるための事業

フリースクールりんごの木では、図13にみるように月曜から金曜日まで教科学習、総合学習、自由活動、特別講座などがそれぞれの子どもたちの自由な選択でおこなわれている。学習は強制ではなく、スタッフと子どもが一緒に決めており、自由活動としてはスポーツ、ゲーム、料理などのほか、バイオリン教室やギター教室、ジャズ講座などの文化活動も発展している。「やりたいことを自分で選ぶ、みんなのことはみんなで決める、自分でできることは自分でやる、できない場合手伝ってもらう」という決まりがここでの生活のルールである。

このほかに、夏の合宿や親の会、青年部会、地域での学習会・講座の開催、会員による自主運営の講座(健康体操やセルフ・カウンセリングなど)、フリースクールの交流会、学校教育や生涯学習の施策への提言活動などがおこなわれている。不登校児をサポートするという事業の性格上、精神科医、小児科医、カウンセラーなど専門家の協力が不可欠であり、特別協力者として九名の専門家に委嘱している。

NPO法人「越谷らるご」(フリースクールりんごの木)は、第一、第二タイプのNPOとことなり、

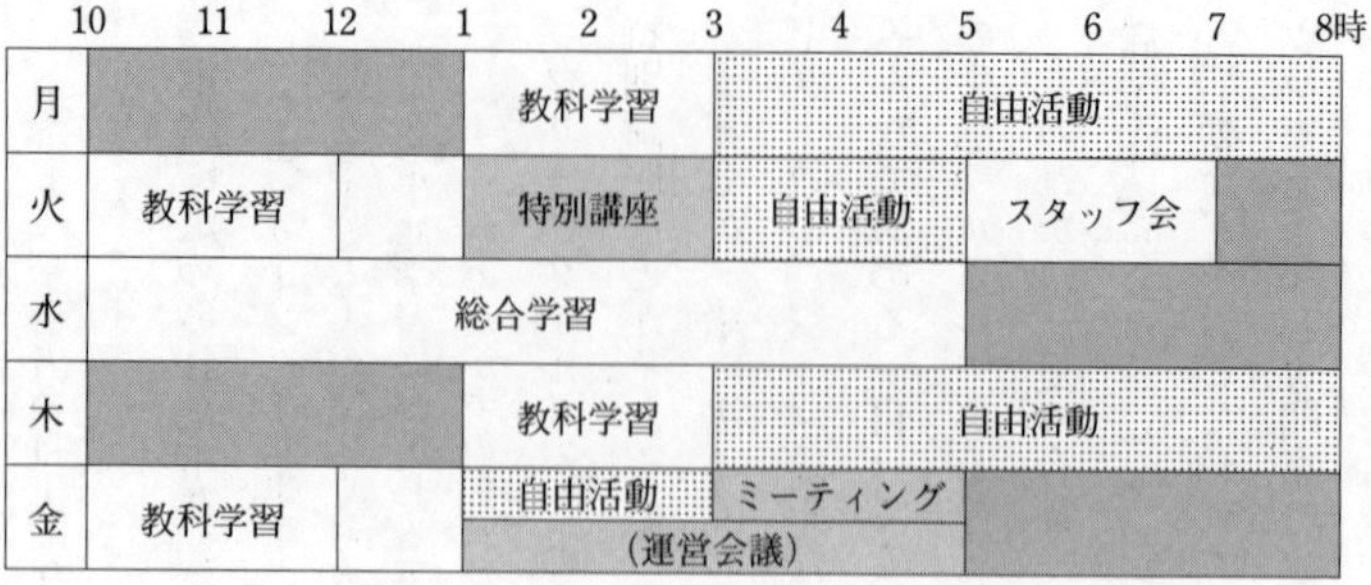


**図13 「フリースクールりんごの木」のカリキュラム例**
出典　同スクール紹介パンフレットより抜粋.

不特定多数に広く開かれた活動は日常事業ではない。運営形態も財政構造も塾に近く、朝から通ってくる子どもたちと専任のスタッフとの共同生活と学びが軸となった活動が展開されている。しかし、社会的にひろがる不登校や子どもたちの自立の困難を打開するための専門的なケアのありかたを探求し、スタッフ、親、専門家、行政や専門的機関、一般市民などの協力によって、どのように子どもたちの学びと自立を支援していけるかが課題となっており、教育運動と一体となった教育事業体という意味で、営利的な塾とは性格がことなる。実際に心理的、あるいは経済的な事情からフリースクールに通うことができない子どもたちの潜在的な状況にも目をむけながら、まさにオルタナティブな教育を創り出していくための協同がおこなわれているのである[19]。

有給スタッフの確保という点では「野の花館」や「国分寺冒険遊び場」の方が不十分であり、ボランティアに依存している。しかし、フリースクールは本来は公教育の一環として市民の税金で賄われるべき「市民立学校」に近いと理解するならば、通学する子どもの家庭の経済的負担もスタッフの側の献身も軽減されるべきであり、新たな公的支援のしくみが検討されなければならない。

第一タイプ、第二タイプ、第三タイプの子どもNPOは、子育てと青少年の自立の課題をめぐる困難の増大にたいして、それぞれの専門的な分野の活動をつうじてさまざまな立場の人びとが協力・協同していく必要性と可能な形態を示唆している。ここでとりあげた事例はみな十年以上にわたる団体・グループのとりくみが背景となっており、その過程で多くの専門性をもつ人材が育ち、協力がひろがっている。しかし、行政との委託契約関係をもつＮＰＯはまだ少ない。多くの子どもＮＰＯが行政との関係には距離があり、よい意味で自立的ではあるが、財政面、施設面、スタッフ養成などの行政からの支援については課題が大きい。

こうした実態にあるＮＰＯが今後、学校五日制の推進のもとで、どのような可能性をもちうるのか、とくに学校との連携という点での今後の課題にふれておくことにしたい。

## 5　学校・自治体とＮＰＯの協力・協働

子どもＮＰＯは、父母や住民が主体となった自主的・創造的な活動として発展しており、学校外的な性格をもつものが多い。子どもを主たる対象とする事業のため有償サービスがなりたちにくく、ＮＰＯよりも任意団体として推進されているケースが多い。しかし、ここで事例にとりあげた文化事業、居場所づくり、教育的オルタナティブ事業などのＮＰＯの活動は、子どもたちの福祉・人権・文化などの視点から重要性をもっており、専門性をもつスタッフも必要とされることから、今後、場所の提供や人材養成、人件費保障などについて子どもＮＰＯ固有の公的支援のありかたが検討されなければならないであろう。

自治体や地域社会との協力関係の発展をつうじて、学校との連携も可能性をもつと考えられるが、現状ではNPO自体が学校側にほとんど認知されておらず、学校との協力関係の形成は今後の課題である。

NPOの立場から学校との連携を積極的に推進している「エコ・コミュニケーションセンター」では、「地域の教育・学習は市民の手で」という考えかたで、学校と地域と市民をつなぐ学校区ごとの生涯学習ネットワークを形成し、「教員、PTA、市民、企業、行政のメンバーから成る地域カリキュラム委員会をつくっていくこと」を構想している。次章でみるように、すでに体験学習の実施に際して、各地でこのようなこころみが始まっている。[20]

学校では特別非常勤講師の活用や総合的な学習・体験学習などの面で、地域社会の協力を求める必要性が高まっている。しかし、多くの場合、個々の教師が地域に居住していないために、情報のパイプは校長・教頭のフォーマルなつながりに限定されがちである。PTAから地域の諸団体へ、そして教育・文化・子どもNPOへ、NPOの発展と地域のネットワークの形成は、地域の教育力を高めていく鍵となるであろう。

また、子どもNPOの役割は、未成年者の問題に限られない。障害者、ひきこもり、不登校などの子どもたちの自立支援施設では、学齢期を過ぎた青年世代の社会的自立と就労支援が大きな課題となっている。不登校の子どもたちの居場所を設置している東京三鷹市の特定非営利活動法人文化学習協同ネットワークでは、学校的な学びの意義や目的を子どもたちが認識していくうえで、「学校から仕事へ」(School to Work) の講座といろいろな職業の人びとに出会う体験を重要な学びの場として位置づけている。[21] さまざまな出会い、体験、対話をつうじて自分さがしをしながらどう自分らしさを発揮できる職業を見いだしていくのか。「地域に青年の自立システム」を探求する課題は、フリーター急増の現代社会において地域・

職場から学校のありかたを問いなおす新たな教育的支援方策への問題提起である。また、青年にとってはNPOで働くことも新たな関心事になりつつある。NPOには大学生が卒業論文の参与観察で訪れたり、ボランティアスタッフとして活動している例が多い。IT関連の若者のNPOや高校生のネットワークをつうじて、NPOが青年の社会参加、あるいは就労先として新しい自分さがしの機会となる可能性もうまれている。NPOは現在のところ無償のボランティア活動の場とならざるをえない実情がある。しかし、NPOの定着をつうじて、青年世代にとって働きがいがあり、賃金を支払われる雇用機会となりうるかどうかが、今後の課題となるであろう。

子どもNPOは、子どもの豊かな発達を父母・住民の手で学校外にねづかせていく市民的協同事業であるとともに、教育協同の方法によって学校と連携し、新しい学びや文化を学校に提起していく可能性をもっている。また、子どもから青年への自立を支援する多様なオルタナティブの機会を実現する主体として、生きかた・働きかたを模索していくきっかけともなりうる。それだけに、これらの子どもNPOが財政基盤をどう確立していけるのか、公的支援や委託の形態をとった協働の可能性を視野に入れた検討が求められているといえよう。

(1) 木内正敏「ナチュラリストのめざすもの」『日本ナチュラリスト協会会報』、創刊号、一九七三年。（降旗信一『ネイチャーゲームでひろがる環境教育』中央法規出版、二〇〇一年、四四頁より引用。）
(2) 前掲、佐藤一子『生涯学習と市民参加』東京大学出版会、一九九八年、Ⅵ章、同編『NPOと参画型社会の学び』エイデル研究所、二〇〇一年、など参照。
(3) 特定非営利活動促進法では、「特定非営利活動」を「不特定かつ多数のものの利益の増進に寄与することを目的とする」と規定しており、別表として以下の一二の活動分野が列挙されている。①保健、医療又は福祉の増進を図る活動 ②社会教育の推進を図る活動 ③まちづくりの推進を図る活動 ④文化、芸術又はスポーツの振興を図る活動 ⑤環境の保全を図る活動 ⑥災害救援活動 ⑦地域安全活動 ⑧人権の擁護又は平和の推進を図る活動 ⑨国際協力の活動 ⑩男女共同参画社会の形成の促進を図る活動 ⑪子どもの健全育成を図る活動 ⑫前号に掲げる活動を行う団体の運営又は活動に関する連絡、助言、又は援助の活動。

(4) 経済企画庁編『国民生活白書』(平成一二年版) 大蔵省印刷局、二〇〇〇年、「ボランティアが深める好縁」の「NPOの定義」一二九〜一三〇頁参照。

(5) 「新しい社会運動」について、前掲、佐藤『生涯学習と社会参加』では非営利・協同セクターという用語を用いて論じている。

(6) デビッド・コーテン著、渡辺龍也訳『NGOとボランティアの二一世紀』学陽書房、一九九五年、八八頁。

(7) ユネスコ「二一世紀教育国際委員会」報告書、天城勲監訳『学習——秘められた宝』ぎょうせい、一九九七年、一四頁。

(8) 同右、一一一〜一一三頁。

(9) 三宅隆史「NGO活動とインシデンタルな学習」未来のための教育推進協議会『NGOの教育力調査』東和大学国際教育研究所『国際教育研究紀要』第四号所収、一九九九年一二月、九五〜九七頁。

(10) 福田紀子「エンパワーメントのプロセスとしてのNGO活動」同右所収、一二二〜一二四頁。

(11) カレン・E・ワトキンス、ビクトリア・J・マーシック著、神田良訳『「学習する組織」をつくる』日本能率協会マネイジメントセンター、一九九五年。

(12) 生涯学習NPO研究会著『社会教育の推進とNPO』同研究会刊、一九九八年、五頁。

(13) 経済企画庁国民生活局編『特定非営利活動法人の活動・運営に関する調査報告書』大蔵省印刷局、一九九九年。

(14) 中村陽一・日本NPOセンター『日本のNPO二〇〇〇』日本評論社、一九九九年。

(15)　埼玉県・さいたまNPOセンター『埼玉NPOつながりリスト』、二〇〇一年三月。

(16)　東京都多摩社会教育会館『三多摩の社会教育』二〇〇一年三月。このリストは市民サービスコーナーが作成した独自の分類項目によって分類されている。

(17)　「野の花館」については、同館発行定款、総会資料、機関紙「野の花館だより」、パンフレット『野の花館』(二〇〇一年三月)など参照。

(18)　国分寺冒険遊び場の会については、各年度の活動報告(一九九九年度、二〇〇〇年度)、『遊びのネットワーク誌』(一号~七号)、『私たちの遊び場マスタープランin国分寺』(一九九八年)、会報『やっほう』、『国分寺の遊び場レポート二〇〇一』などが発行されている。また前掲、加賀屋真由美『子どもとつくる遊び場とまち』(萌文社、二〇〇一年)にもとりあげられている。

(19)　「越谷らるご」(フリースクールりんごの木)については、紹介パンフレットの他、機関紙『越谷らるご通信』などを参照。

(20)　森良『コミュニティ・エンパワーメント——学びから参加へ』エコ・コミュニケーションセンター、二〇〇一年、三八~四五頁。大島英樹「環境学習NPOが学校と地域をつなぐ」前掲、佐藤編『NPOと参画型社会の学び』所収、など参照。

(21)　佐藤洋作『君は君のままでいい』ふきのとう書房、一九九八年、二五三頁。

# Ⅴ章　学校と地域社会の協働

一つ、地域住民と学校は、相互理解と協力をはかるため、積極的に対話の場を設ける必要がある。
二つ、教師が地域における青少年活動の意義を理解し協力することは、地域の教育力を高めることにも役立ち、さらに学校と地域の連携を深め、学校教育の向上にもつながることになる。
三つ、学校のクラブ活動をさかんにするためには、特技や技能をもった地域住民を指導者として招へいし、指導面を分担するなどの運営を検討する必要がある。

東京都中野区教育問題懇話会提言（一九八〇年）[1]

## 1　学校を地域社会に開く

一九八六年の臨時教育審議会第二次答申で、高度経済成長の「負の副作用」としての「教育荒廃」がクローズアップされた。その処方箋のひとつとして「学校・家庭・地域の連携」がうたわれ、九〇年代の中央教育審議会、生涯学習審議会、教育課程審議会などの答申をつうじて「学校を地域社会に開く」ことが二一世紀教育改革の中心課題に位置づけられた。

二一世紀の学校は、学校五日制によって子どもを「家庭や地域に返す」とともに、学校経営に地域住民の意見反映を求め、教育課程としては総合的な学習の時間や生活科その他の教科・教科外活動において地域社会の資源を活用して子どもたちの「生きる力の育成」をはかることをめざしている。さらに社会教育施設や地域の青少年団体と連携して学校施設の開放と学社連携・融合、奉仕・体験活動を推進するなど、家庭・地域社会との一体的な教育が志向されている。しかし、教育課程を大幅に削減したうえでの学力保障や従来とはことなる教師の専門性、学校と地域社会との協力・協働関係構築等をめぐる急激な政策展開に直面して、学校現場は大きなとまどいをかかえている。

学校は地域社会にささえられつつその機能を発揮できるという考えかたは、今に始まったことではない。欧米諸国では伝統的に家庭の責任と学校の役割が明確にわけられており、コミュニティにおける文化・スポーツ活動も活発にとりくまれている。地域に開かれた学校づくりにおいては学校・家庭・地域の一体的な連携というよりも、本来は学校中心主義や権威的な学校像を脱却して、それぞれが対等な関係のもとに主体的に役割分担をおこなうという考えかたが重視されなければならない。

バブル崩壊後、高度経済成長期とはことなる大きな地域変貌のもとで社会病理的な閉塞感や家族の孤立化がひろがり、地域住民同士の意識の断絶が深まっており、地域によっては歴史的に形成されてきた産業や生活の基盤が崩壊の危機に直面している。「学校を地域社会に開く」とりくみでは、こうした地域再生、地域づくりの課題をふまえて地域の教育力を活性化し、子どもと大人の世代間の関係づくりや人間的連帯の原点となるような学習文化を創造すること、そのために学校と地域社会がどう協力・協働すべきかということが問われているのである。

学校外の自主的な教育文化活動へのひろがりをもつ社会教育や児童福祉の実態は、地方自治体によって多様であり、歴史的伝統や地域的条件に左右される。政策の効果は住民の自発性の高まりをつうじて長い時間をかけて定着していくという性質をもつ。こうした地域独自の定着過程を欠いては、「学校を地域社会に開く」ための方策が逆に地域社会の主体性を疎外し、地域の従属化をまねくことにもなりかねない。

歴史的な教訓を振り返るならば、一九二〇年代末から三〇年代の日本の小学校では、世界的な不況を背景として教化総動員態勢のもとでの全村教育運動が展開され、「愛郷心育成」や「農村精神の更正」を目標に村ぐるみの推進態勢がつくられていったことが思い起こされる。ここでは「地域の教育力」が、「個の埋没した共同体」をよりどころとする「情動的包絡」の手段となる伝統的構造が形成された。その結果、個に注目した新教育運動の実践的価値が、全体主義によって否定的に統合されていった(2)。

今日の「学校を地域に開く」政策も、親・住民の学校参加による学校運営の民主化をつうじて地域にねざす教育を創造するという側面と、奉仕・体験活動による新たな公民教育の目標の浸透にむけて地域を動員するという側面が矛盾・葛藤しながら展開されつつある。一方で地域・学校への親・住民の参加が地域からの教育改革への模索につながる可能性もあるが、他方において全体的・画一的な国家的教育目標に統合、包摂されることも危惧される。

このように二一世紀の学校と地域社会の協働関係は矛盾をはらんだ両義的な意味をもっている。だからこそ、そこにおける自由で民主的な討論による課題解決の過程や、大人と子どもの自立と育ちあいの関係性の発展に注目して、地域における教育創造の方途をさぐらなければならない。

このような視点にたって、本章では「開かれた学校づくり」をめぐる政策推進過程をあとづけながら、（1）学校開放、（2）学校と社会教育の連携・融合の問題を検討し、さらにつぎのⅥ章で地域からの教育創造と改革の展望に関連づけて、親・住民の教育参加の問題を考えることにしたい。

## 2 「開かれた学校」への政策展開

### 「地域社会と学校」の関係認識の形成

地域社会にねざす学校のありかたについて、松原治郎は一九八〇年代前半につぎのような整理をしている。

第一に「学校教育の中に地域社会を取り込もうとする試み」として、①「学校の教育課程における『地域の教材化』」、②「児童・生徒の『日常生活体験の教材化』」、③「生活体験学習や勤労体験学習を通じての学習事項の応用化や学習の動機づけ」などがある。

第二に「学校教育の地域社会への寄与」に関しては、①「在学青少年や地域住民の学習やスポーツ等の活動への『学校施設の開放』」、②「地域社会における住民活動や社会教育活動と学校での学習活動の連携」、③「住民主体の『地域教育計画づくり』における学校教育からの寄与」、④「住民の意思を学校教育の組織と運営に反映させる『学校審議会』の制度化」などがある。(3)

Ⅱ章で述べたように、松原治郎のこうした見解は先駆的であったが、競争的な学校制度が拡充されつつあった一九七〇年代から八〇年代前半の教育政策にはほとんど反映されなかった。「住民の意志を反映させる」問題では、東京都中野区の教育委員準公選制にみるように国と地方自治体は厳しく対立しており、「地域の教材化」については教育内容の自主編成運動という教員組合の組織的支援があってはじめて実現可能性をもった。松原の見解のなかで政策的反映をみたものは「青少年の社会参加」論であった。しかし、これも、在学青少年対象の社会教育施設が整備されはじめたものの、学校教育と社会教育の十分な連携にはいたらず、首長部局主導の青少年健全育成の政策潮流に同一化される傾向があった。

学校施設開放のこころみについては、神戸市などの先駆的事例はあったが、学校教育に支障がない範囲という制約のもとで徐々に実施される状況にとどまっていた。学校の閉鎖性、地域社会への無関心、競争的序列化のもとでの能力主義などの学校の構造は、いじめ・不登校や学級崩壊などの深刻な事態が顕在化するまで変化することなく維持されてきたのである。

一九八〇年代半ばの臨時教育審議会答申における「地域社会と学校」の関係認識は、実証的なコミュニティ研究の系譜をひく松原の発想の延長線上にあるとはいいがたい。なぜならば、臨教審答申においては、松原が提唱した学校区単位の参加型コミュニティの形成と社会教育の諸機関を核とした地域生涯学習システムというイメージはほとんど語られていないからである。臨教審答申では、むしろ現実の矛盾を捨象する未来志向にもとづくラーニング・ソサイアティ論をベースとして、自由化への経済構造調整の要請を実現すべく、つぎのような特徴をもつ学校開放論が提唱された。

第一に、学校を生涯学習体系の一環に位置づけ、官・民の相互システムによって公教育構造や通学区域の規制を柔軟化するとともに、「個性重視の原則」のもとに多様な選択肢を可能にすること。とくに「開く」という点では、「社会に開かれた大学」にむけて、産・官・学の交流を促進する高等教育改革を重点としていること。

第二に、情報化社会のシステム化に対応した教育・研究・文化・スポーツ施設等のインテリジェント化をはかり、情報ネットワークのもとで学校や生涯学習機関を「開く」方向が示されたこと。

第三に、小・中学校については、「学校を地域社会の共同財産」ととらえて、「学校・家庭・地域社会の協力関係を確立」することが提案されたが、その内容として「家庭の教育力」の回復に力点を置き、徳育・しつけ・情操などが強調され、地域のとりくみでも青少年の奉仕・ボランティア・体験活動が重視されたこと。

第四に、「生涯学習を進めるまちづくり」として「家庭・学校・地域の三者が融合した」「総合学習サービス体系の整備」が課題とされ、このなかで学校五日制の試行について言及されたこと。

四次にわたる臨教審答申のなかで、「家庭・地域の教育の活性化」は基調のひとつとされてはいたが、「徳育、しつけ、情操教育」をまず家庭が担い、地域社会も奉仕・体験・ボランティア活動を推進するという公民教育的な考えかたが強調されている。「地域社会と学校」の関係構築を住民参加システムのもとで体系的に発展させる地域教育計画について、地方分権化の枠組みでのもとで住民の意向を把握するという言及はなされているが、住民自治の視点からの参加については、具体的なビジョンが示されてはいない。

この答申では社会教育を民間教育産業や大学への社会人入学などのリカレント教育型生涯学習体系におきかえていくという発想が基底にすえられている。住民の自発性によって活性化される地域社会という具体像よりは、IT革命によって到来する未来社会への対応という視点が前面にだされている。しかしまさにそのことの帰結として、家庭や地域社会における生活共同体の崩壊が予想以上に深刻化し、教育の基盤が大きく揺らいでいるという現実の矛盾に直面することになった。結果的には、教育の地方分権による「地域の自主的判断と責任」、「父母や住民の学校に対する意向」の把握などの答申の文言を、「学校評議員制」、「地域に開かれた学校経営」、「学社連携・融合」などにむけて具体化することが九〇年代教育改革の焦点となってきたのである。

### 学校五日制導入のインパクト

学校五日制は臨教審答申によってはじめて政策的に方向づけられた。しかし、この問題はもともと教員の労働時間短縮問題として日教組が一九七〇年代初頭から運動方針としてかかげ、過密な教育課程の軽減、父母・地域住民の学校運営への参加、学校と社会教育の連携を模索してきた経緯があった。(4) 国民生活における余暇需要の拡大と労働時間短縮、週五日制労働の実現という経済構造調整政策の圧力のもとで、文部省が学校五日制を本格的に検討しはじめたのは学習指導要領が改訂される八〇年代末である。一九九二年に父母・国民の理解がまだ十分でないまま、政治判断によって月一回の学校五日制導入が開始されることになった。社会全体としては、学校五日制は教育改革というより国民の総労働時間を縮小する労働政策の一環という受けとめかたがなされており、当時の調査では子どもをもつ親の半数は学校五日制に不安を抱き、反対の意向を示していた。(5)

こうした世論にたいして、自由民主党文教部会は教育論として学校五日制を方向づける議論をまとめ、「学校週五日制は、子どもが自由な時間を使って、ゆとりと生きがいのある生活を実現できる可能性を増大させるとともに、地域の自然と触れ合うなど様々な生活体験や社会体験の機会を与える」との主張をおこなう。この論調は、臨教審答申が提示した教育荒廃の認識を処方箋として具体化したものであり、一九八九年に改訂された学習指導要領における関心・意欲・態度を重要視する「新学力観」にも合致していた。一九九二年度から月一回、九五年度から月二回と、段階的に導入されてきた学校五日制は、学習時間を大幅に削減した新教育課程のもとで、一年早く二〇〇二年度からの完全実施となった。

しかし、教育界では多くの批判や問題点の指摘がなされてきた。すでにふれたように、教育課程の削減による学力低下の危惧は小・中学校の教師のみならず大学や企業にもひろがっている。藤田英典は「学校五日制は、家庭の教育費負担の増大、教育的配慮の階層差の拡大、学力や教育機会の階層差の拡大を促進する傾向がある。(中略)その意味で学校五日制は、強者の論理、弱者の切り捨ての論理にたつものである」(6)と指摘しているが、この矛盾は、公立と私立の格差、経済階層や地域条件にもとづく教育機会の格差としてすでに顕在化している。意欲・関心・態度にたいする評価の問題についても多くの疑問がだされており、推薦入試にむけた生徒の対応にたいしても塾の指導がおこなわれている。

社会教育の分野では、子どもたちの地域活動や文化・スポーツ活動のための条件整備が不十分であり、さらに、地方自治体の財政悪化のために職員態勢が弱体化しているという問題点が指摘されてきた。(7)子どもたちの地域活動や放課後の生活の問題にとりくんできた団体や機関は、学校五日制を子どもたちの生活を充実させていく機会ととらえ、居場所づくりや野外活動などのさまざまな模索をおこなってきている。しかし、社会教育施設や児童・青少年施設等の整備は、法制的に任意設置とされており、ハードの面でも、また人材や事業の面でも十分な政策的措置はとられていない。

学校五日制は、教育を市場化する脱共同体的な学校観と、徳育重視のイデオロギーにもとづく学校・家庭・地域の連携強化という共同体主義の混在のなかで一〇年間試行されてきた。結果として経済同友会が一九九五年に提唱した「学校スリム化」という名の自由化論(8)と一九九六年の中教審答申がかかげた「生きる力の育成」という公民教育的目標論、体験活動重視の学習観の統合のもとで五日制の実施は論拠づけられ、政策的に誘導されていったといえるであろう。この政策がいかに矛盾しているかということは、学校五日制の全面導入となった二〇〇二年に文部科学省が「学びのすすめ」のアピールを発表し、土曜補習授業にとりくむ公立学校が各地に出現していることからもうかがわれる。

**「生きる力」の育成と学校・家庭・地域社会の連携**

一九九六年にだされた第一五期中教審答申「二一世紀を展望した我が国の教育の在り方について」では、「生きる力」の育成を根底にすえて「学校・家庭・地域社会の連携」と相互補完の必要性を説いている。「生きる力」とは、「他人と協調しつつ自律的に社会生活を送っていくために必要となる、人間としての実践的な力」であり、「自分で課題を見つけ、自ら考え、自ら問題を解決していく資質や能力である」と定義されている。

このような力をはぐくむために、「学校において組織的、計画的に学習しつつ、家庭や地域社会において、親子の触れ合い、友達との遊び、地域の人々との交流」をつうじて「学校・家庭・地域社会の連携とこれらにおける教育がバランスよく行われる」ことが主張された。学校においては総合的な学習の推進、家庭においては親子の共同体験や父親の家庭教育への参加、地域社会においては学校施設の開放や遊び・スポーツ活動、ボランティア活動や自然体験、青少年団体の活動の振興などが今後の課題として提起されている。

この答申は、生涯学習体系のもとでの学校の拡充・多様化・再編をめざした一九七一年の中教審答申「今後における学校教育の総合的な拡充整備のための基本的施策について」（四六答申）の基調をひきついではいるが、学校の拡充よりも学校と家庭・地域社会の一体化に力点をおいて学校の責任を相対化したという意味で、明治期以降の公教育政策を転換させたものといえる。国際的にも高度とされる日本の教育水準を実現してきた学校は、能力主義と競争という弊害のなかで行き詰まり、学校の社会化をはかるとともに、学校をささえる社会的基盤の再構築（社会の学校化）へと政策関心の重点を移行せざるをえなくなったのである。

しかし、第一五期中教審答申には、いくつかの本質的な矛盾が内在している。

第一に、答申で強調されている体験的な学習は、学校外で「為すことを通じて学ぶ」いわゆる付随的な学習である。それがどのような学びとして個々の子どもたちに生起するかは子どもにとって全く多様であり、本来学校的な指導になじまないという問題がある。生活体験をいかなる学習として深めていくのか、その方法論を地域社会の具体的な問題をつうじて住民とともに明らかにしていくことが重要である。道徳的な徳目の基準を導入しつつ奉仕体験などを積むことを奨励するだけでは、それがどのように子どもたちの学びの豊かさを実現することになるのか、なんら明確ではない。

第二に、子どもたちにとって学校外活動は、本来遊びや生活であって、学習ではないという自明の問題が看過されてはならない。遊びや生活をつうじて子どもたちは育つが、そのことと意図的な学習の系統的な指導である教育を同一視することはできない。生活においては、家族の離別の悲しみや病気などの苦しい体験も大きな人間形成作用をもち、そのことはポジティブにも、ネガティブにも生きる力に根源的な影響をあたえている。

答申では家庭や地域社会の生活体験を学習として意義づけ、これらを奉仕・ボランティア活動による徳育重視の方向のみで評価するという問題がある。しかも、一九九六年の中教審答申では「ボランティア活動」「社会参加活動」「生活体験・自然体験などの体験活動」とされていたものが、二〇〇〇年の教育改革国民会議の提言を受けた二〇〇二年七月の中教審答申「青少年の奉仕活動・体験活動の推進方策等について」では、明確な規定もないままに「奉仕活動」が前面にだされている。この背景には「奉仕」は強制的なものであり、一八歳のすべての青年に一定期間義務づけるべきであるという主張も伏在している。(9)

このような文脈からすると、第一五期中教審答申は、遊びの文化を軸として自由で自治的に営まれてきた学校外活動を、奉仕的・道徳的なイデオロギーによって方向づけ、国家的要請のもとで学校に従属した「社会の学校化」の一環にくみこんでいく問題性をはらんでいるといえるのである。

第三に、家庭教育に関しても同様の問題が生じている。一九九八年の中教審答申『新しい時代を拓く心を育てるために――次世代を育てる心を失う危機』では、三四項目にわたって「もう一度家庭を見なおそう」とよびかけ、しつけや家庭教育のルールについて事細かに指示している。家庭教育の支援が社会教育をつうじておこなわれることの意義を否定するものではないが、親たちの家庭教育に関する学習もまた自発的で相互支援的な環境のもとでおこなわれなければならない。ましてや教育基本法を「改正」して、家庭教育を奨励しようという考えかたは、私的な生活領域への国家的介入であり、イデオロギー的な統制ともなりかねない。

このような文脈からみると、家庭や地域社会は、本来、私的・市民的・共同的な生活の場であり、自発性と相互連帯によって子育てや任意の社会教育活動が推進されてきた歴史的経緯があるにもかかわらず、九六年中教審答申の内容は国家的公共性に従属する学校・家庭・地域の連携システムを志向するというジレンマを内在させているといえるのである。

実際、休日となった土曜日に子どもたちの多くは長時間眠り、家でのんびりしながらひとりでボーっとすごすというデータがでている。ボランティア活動のみならず、地域の社会教育施設にさえでかけることは少ない[10]。二〇〇一年秋の文部科学省調査では、中学二年生の約四割、高校二年生の約半分が土曜休日は「ゆっくり休み、寝る」と答えている[11]。余暇であり自由時間であるならば、個々の子どもたちのこのようなすごしかたが一般化することも、子どもたちのありのままの生活要求として受容されねばならない。こうした私的生活の実態と「生きる力」の育成という国家的な教育目標には、子どもたち個々人の生活レベルの自由と教育の公共性をめぐる矛盾が象徴的に顕在化しているのである。

しかし、他方では親や地域社会の側に豊かな社会文化的経験をつうじて子どもたちが社会的に自立していけるような学びと地域参加を推進することへの期待があり、自発的、共同的な子育ての社会化のプロセスが探求されている。これは、大田尭が指摘する「一人前となる自立に向けての社会教育的仕組み[12]」を現代社会においてどう再生するのかという問題でもある。大田は、柳田国男の「群の教育」においてなされた「シツケ」の考えかたをひきながら、「身体全体で事物や事物の関係をおぼえる、事物そのものによる教育」（傍点原文のママ）が学校教育の背景に存在していたこと、それは「人が他者とかかわりながら一定の役割を果たし、出番をつとめうる能力を、多くの関係者の参加協力によってきたえあげていく習俗社会での過程」であり、「社会関係を自治的に運営する」ことによってささえられていたと述べている[13]。

二一世紀の教育改革は、政策レベルでは「生きる力」の育成にむけた総合的な学習の時間や、学校内外での奉仕・体験活動の奨励、学校と社会教育の連携・融合、そして家庭の教育力や伝統文化の重視を位置づけるための教育基本法「改正」へと進展している。しかし、答申に内在する「公共性のジレンマ」(14)を克服するためには、子どもたち一人ひとりが学ぶ喜びを実感できるような教育創造にむけて、地域社会と学校が協働し、子どもたちの自発的な地域参加と父母・住民の学校参加を実現する地域にねざした学校運営のしくみづくりこそが要の問題としてとりくまれなければならないのである。

## 3　学校開放の新段階

### 学校開放の推移と課題

「学校を開く」という用語の法制度的な概念である「学校開放」は、「学校の組織・機能を社会に広く開放する」機能開放の側面と、学校施設を社会教育の利用に提供する施設開放の両側面がある。前者については学校教育法第六九条（公開講座）、社会教育法第四八条（社会教育の講座）に規定されており、後者については学校教育法第八五条（社会教育への利用）、社会教育法第四四条（学校施設の利用）、スポーツ振興法第一三条（学校施設の利用）に規定されている。

施設開放については、一九六〇年代末から七〇年代にかけて、校庭開放や体育館の開放などが促進され、八〇年代半ばには小中学校の校庭や体育館の八〇パーセント以上が休日、夜間に地域に開放される状況となった。しかし、「学校教育上支障のない限り」という制約のもとで、学校長が責任を負う形態では普通教室や特別教室の開放の実施は困難であり、神戸市高倉台にみるように学校とコミュニティ施設の共用部分を計画的に配置した学校公園構想の事例、東京都中野区の「ゆとり」教室転用から生涯学習館への改築にいたる事例などがあるものの、学校施設全体が地域に開かれるという考えかたにもとづいた本格的な開放の実施は遅々としてすすまなかった。

学校建築の専門領域から学校開放を提唱してきた長倉康彦は、一九七〇年代前半の状況をふまえてつぎのような課題を指摘している。

「教育の中心という考えから出来ている学校施設の姿は、自由な遊びの場所に変換できるようなかまえになっていないのだから、（中略）学校開放も限界があるのは当然というべきであろう。学校開放は、学校の地域施設化のひとつであり、現実にも推進されつつあるが、しかしこの施策は上からあたえられた策であって、学校とか地域住民とかからの強力な発想にもとづく内容のものではない。それは（中略）きわめて簡便なまにあわせ施策の色彩が強いのである。」(15)

このような現状を変えていくために、長倉は「地域社会と学校のあるべき関係」（傍点原文のママ）にもとづいて学校開放を意義づけるのではなく、よりプラグマティックな立場で「それによって学校がよくなること、あるいはそれによって地域社会が多様性を増し、好ましい環境が得られる」ことを追求し、結果的に「新しい意味の地域社会と学校の関係が生まれてくる」という展開に期待している。(16)

長倉は、具体的な手法として、①地域社会にとって共用しうるような「ふんい気」をもった学校施設のオープン化、②学校施設と社会教育・福祉施設の相互のりいれ、③計画・設計における利用者・使用者の参加などを提案している。こうした手法は九〇年代にはいって、一方では文部省の施設助成の方策として、他方では学校開放の運営主体としての住民の活動の活発化によって次第にひろがりをみていった。

## 学校施設開放の新段階

文部省の施策において学校施設開放が新たな段階を迎えるのは、少子化のもとで小中学校の学級数の急速な減少が見込まれるようになる一九九〇年代以降である。九三年度に文部省から「余裕教室活用指針」がだされ、中長期的な展望にそって学校全体の配置計画を検討するとともに、関係部局共同で「余裕教室活用指針」を作成して学校施設の多機能化をはかっていくことが指示された。ちょうど高度経済成長期に多数建設された学校が二〇～三〇年を経て改築期にはいったこと、都市部で生涯学習施設の整備計画が具体化されたものの、身近な地域レベルの施設が不足していること、中教審答申（一九九六年）によって学校を地域に開く政策が促進されたことなどがあいまって、学校を地域生涯学習振興やコミュニティ整備計画の一環として開放し、あるいは複合化をはかっていく計画が各市町村で着手された。(17)

表6に示されるように一九九七年度調べで、小中学校の余裕教室は全体の保有教室数の一一・二パーセントであった。このうち学校施設以外への転用は一・七パーセントにすぎないが、約二五パーセントは将来計画未定で検討中となっている。また余裕教室の転用は表7にみるように多方面にひろがっており、とくに放課後学童クラブと社会教育施設が多い。また施設開放の実施については校庭、体育館等を中心に小学校九四パーセント、中学校八八パーセント、高等学校六五パーセントと普及率は向上している。(18)

一九九九年七月には「学校五日制時代の公立学校施設に関する調査研究協力者会議」の報告書がまとめられ、「地域コミュニティの拠点としての公立学校の施設整備」の方針が示された。ここでは「地域の風がいきかう学校」「地域に融け込む学校施設」というコンセプトにもとづき、単なるハードの側面の施設開放にとどまらず、保護者や地域住民が自由にやってきて活動する拠点となること（保護者、ＰＴＡ、地

**表 6　余裕教室の現状（1997 年度）**

| 学校区分 | 保有教室数 ① | 余裕教室数 ② | 発生率 ②／① | 学校施設に活用 児童生徒関係 | 管理関係 | 学校開放関係 | 学校用備蓄倉庫 | 撤去 | 学校施設以外に転用 社会教育施設等 | 地域防災用備蓄倉庫 | その他 | 廃校 | 将来計画未定（空き教室） |
|---|---|---|---|---|---|---|---|---|---|---|---|---|---|
| | | (100) | | (56.8) | (11.8) | (0.8) | (0.8) | (2.4) | (0.5) | (0.5) | (1.1) | (0.4) | (24.9) |
| 小学校 | 351,255 | 40,469 | 11.5% | 22,992 | 4,776 | 307 | 338 | 983 | 211 | 195 | 425 | 147 | 10,095 |
| | | (100) | | (54.1) | (16.3) | (0.5) | (0.7) | (2.7) | (0.2) | (0.4) | (0.2) | (0.2) | (24.7) |
| 中学校 | 158,063 | 16,728 | 10.6% | 9,053 | 2,726 | 87 | 117 | 458 | 24 | 65 | 29 | 34 | 4,135 |
| '97 年度 | | (100) | | (56.0) | (13.1) | (0.7) | (0.8) | (2.5) | (0.4) | (0.5) | (0.8) | (0.3) | (24.9) |
| 合　計 | 509,318 | 57,197 | 11.2% | 32,045 | 7,502 | 394 | 455 | 1,441 | 235 | 260 | 454 | 181 | 14,230 |
| '96 年度 | | (100) | | (58.4) | (12.7) | (1.0) | (1.2) | (3.0) | (0.8) | (0.4) | (0.6) | (0.4) | (21.5) |
| 合　計 | 520,681 | 55,577 | 10.7% | 32,428 | 7,061 | 574 | 669 | 1,690 | 439 | 246 | 302 | 210 | 11,958 |

(学校区分別)

出典　注（17）参照．（単位：室）（ ）内は余裕教室数に占める割合（単位 %）．

域住民、学校ボランティア等の人たちのスペースの設置）、特別教室や学校図書館も地域に開くこと、休日や放課後の子どもたちへの開放、学校施設の複合化の推進、管理責任は校長ではなく教育委員会が負うことなど、利用・運営面についても学校をよりオープンなものにしていくためのふみこんだ指針が示されている。

一九九〇年代後半には、千葉県習志野市立秋津小学校の住民管理によるコミュニティルームの設置[19]や、栃木県鹿沼市などの「学社融合」[20]の推進による社会教育事業の学校利用、父母・住民がいつでも学校参観に訪れ、生徒・教職員・保護者・地域による四者会議を設けて自由な学校づくりをすすめている長野県上田市立第六中学校の事例(21)など、地域に開かれた学校づくりの実践が各地で報告されるようになった。さきの報告書ではこうした動向をふまえて、ソフトの面でも人・運営システム・地域活動との結合などについて創意工夫を奨励する視点が導入されている。

**表7　余裕教室の転用施設の種類（1993～97年）**

| 転用施設名 | 転用施設数 | 比率 |
|---|---|---|
| 放課後児童クラブ | 320 | 56.8% |
| 防災用備蓄倉庫 | 119 | 21.1% |
| 社会教育施設 | 82 | 14.6% |
| 以外の文教施設 | 10 | 1.8% |
| 老人デイサービスセンター | 10 | 1.8% |
| 行政機関 | 6 | 1.1% |
| 委員会所管外集会所等 | 5 | 0.9% |
| 児童館 | 3 | 0.5% |
| 在宅介護支援センター | 2 | 0.4% |
| その他高齢者福祉施設 | 2 | 0.4% |
| 精神障害者社会復帰施設 | 1 | 0.2% |
| その他社会福祉施設 | 1 | 0.2% |
| 老人福祉センター | 1 | 0.2% |
| 保育所 | 1 | 0.2% |
| 計 | 563 | 100.0% |

出典　表6に同じ.

九〇年代以降の学校開放政策は、長倉などの専門家の建築学的な着想の影響を受けつつ、社会構造の変化、教育政策的な枠組みの転換をベースに、学校施設を多機能化するとともに、学校を地域の公共的な文化施設のひとつとしてとらえ、まちづくり、コミュニティづくりの拠点にするという方向で推進されてきた。その過程で地方自治体や地域社会の独自の発想が生かされる可能性もひろがっており、施設面と機能・運営面を融合した学校開放のありかたを模索する新たな段階にはいっているといえるであろう。

しかし他方では財政難のために学校増改築が困難であること、また少人数学級の実現や総合的な学習の推進のための多目的な教室活用という課題もあり、余裕教室という一面的な考えかただけでは学校開放が進展しないという制約がある。とくに大都市部では学校選択制度が急速にひろがり、希望が集中する学校では余裕教室がフルに使われることになり、一方では児童生徒が集まらない学校は統廃合の対象にもなりかねないという問題も生じている。

学校開放における施設転用のありかたという点でも問題がある。そのひとつが余裕教室の転用例として一番多い放課後学童クラブの問題である。共働き家庭の子どもたちにとって家庭にかわる生活の場として学校がふさわしいかどうか、疑問がある。学校的関係がそのままもちこまれる可能性もある。近年、大都市では学童クラブと一般の子どもたちの遊び場としての学校開放を一元的に統合する動きもあり、学童保育という観点からは福祉の後退という問題もふくまれている。背景には一元的に統合することによって人件費や施設整備費の合理化をはかるねらいもあり、共働き家庭の父母たちに不安をあたえている。また高齢者施設との複合化などがはかられても、実際には交流活動を発展させるプログラムが十分協議されず、縦割り機能が併設されているにすぎないケースも多い。

学校開放が子どもたちの学校生活と地域住民の学習文化活動の双方を豊かにする方向ではなく、地域社会の公共施設整備のリストラの代替手段として施策化される場合、複合化されることの目的やメリットが十分明らかでないまま住民ボランティアなどに運営がまかされる状況がある。学校五日制のもとで学校開放は教育委員会と自治体行政の双方が関与する政策課題の焦点となっていくであろう。学校整備計画の側面とともに地域社会との協働関係の発展や市民活動の実態をふまえて、一律にではなく、地域ごとに望ましい運営形態を実現していくことが課題といえよう。

## 4　学社連携・融合の推進

### 学社連携・融合の政策的位置づけ

学校教育と社会教育の連携は、一九七〇年代の「在学青少年の社会教育」の提言を機に推進され、主に青少年施設の学校プログラムによる利用や学校施設開放・公開講座等、施設利用の相互連携がはかられてきた。

従来の「学社連携」は、社会教育審議会答申等で「学校教育、社会教育がそれぞれ独自の教育機能を発揮し、調和を保ちつつ連携をすすめることが必要で、相互補完の関係を成立させなければならない」(22)と提言され、青少年の学校外教育に目をむけながら社会教育のより充実した態勢を整備する方向で推進されてきた。

しかし、学校五日制一部導入の段階で青少年施設の事業を見なおす過程で「学社融合」が提唱され、一九九六年の生涯学習審議会答申で、新たな政策的位置づけがはかられた。これによると、「学社融合は、学校教育と社会教育がそれぞれの役割分担を前提としたうえで、そこから一歩進んで、学習の場や活動など両者の要素を部分的に重ね合わせながら、一体となって子どもたちの教育にとりくんでいこうという考えかたであり、学社連携の最もすすんだ形態とみることもできる」と解釈されている。学社連携は、社会教育施設の側が青少年の参加する学校外教育プログラムを提供するという考えかたにたっている。これにたいして、学社融合は「生きる力の育成」の推進のもとで、より積極的に青少年の体験学習を促進し、地域の多様な人材を学校側が活用するとともに、学校の教育課程と社会教育事業とのすりあわせをはかる点に特色があるといえるであろう。

しかし、学社融合という用語や政策的位置づけは、中教審の提言した「学校・家庭・地域社会の連携」ほどわかりよいものではなく、またポピュラーなものともいえない。国立教育研究所がおこなった区市町村教育委員会の調査結果によれば、担当者のつぎのような率直な声が聞かれる。[23]

「かねてより『学社連携』が唱えられ、昨今『学社融合』という概念がでてきたが、その取り組みの範囲はひろく、何から手をつけてよいかわからない状況である。学校開放講座や、施設の開放をいうのか、地域の人材を授業に生かすことなのか、十分な議論が尽くされていない感がある。」

「学社連携・融合という考え方は行政主導のため、学校・地域にはまだ普及していないとおもわれる。行政主導の場合本当の意味での融合がすすむまで、行事が増えたり、子供のとりあいになるなど、子供の生活にゆとりがなくなることが心配される。学校教育に比較して社会教育そのものが理解されていない面があり、学社連携・融合を進める前に社会教育の必要性を問い直すことも必要と思う。」

こうしたとまどいや試行錯誤、人材不足のなかで、学社連携・融合のとりくみとしてすすめられていることは、図14にみるように「生涯学習のまちづくり」「青少年の健全育成」「家庭及び地域社会の教育力の回復」など、従来から実施されてきた地域社会教育活動事例が多い。また、図15は学校を基盤とした事業があげられているが、「学校施設の地域住民への開放」がもっとも一般的である。ついで「学校外の社会教育施設等を学校の部活動において定期的に利用」、「地域住民あるいは地元企業・行政の職員などを、学校の特別活動・行事に活用」することなどがとりくまれており、特別非常勤講師や学校ボランティアの活用がようやくひろがりはじめた段階といえる。

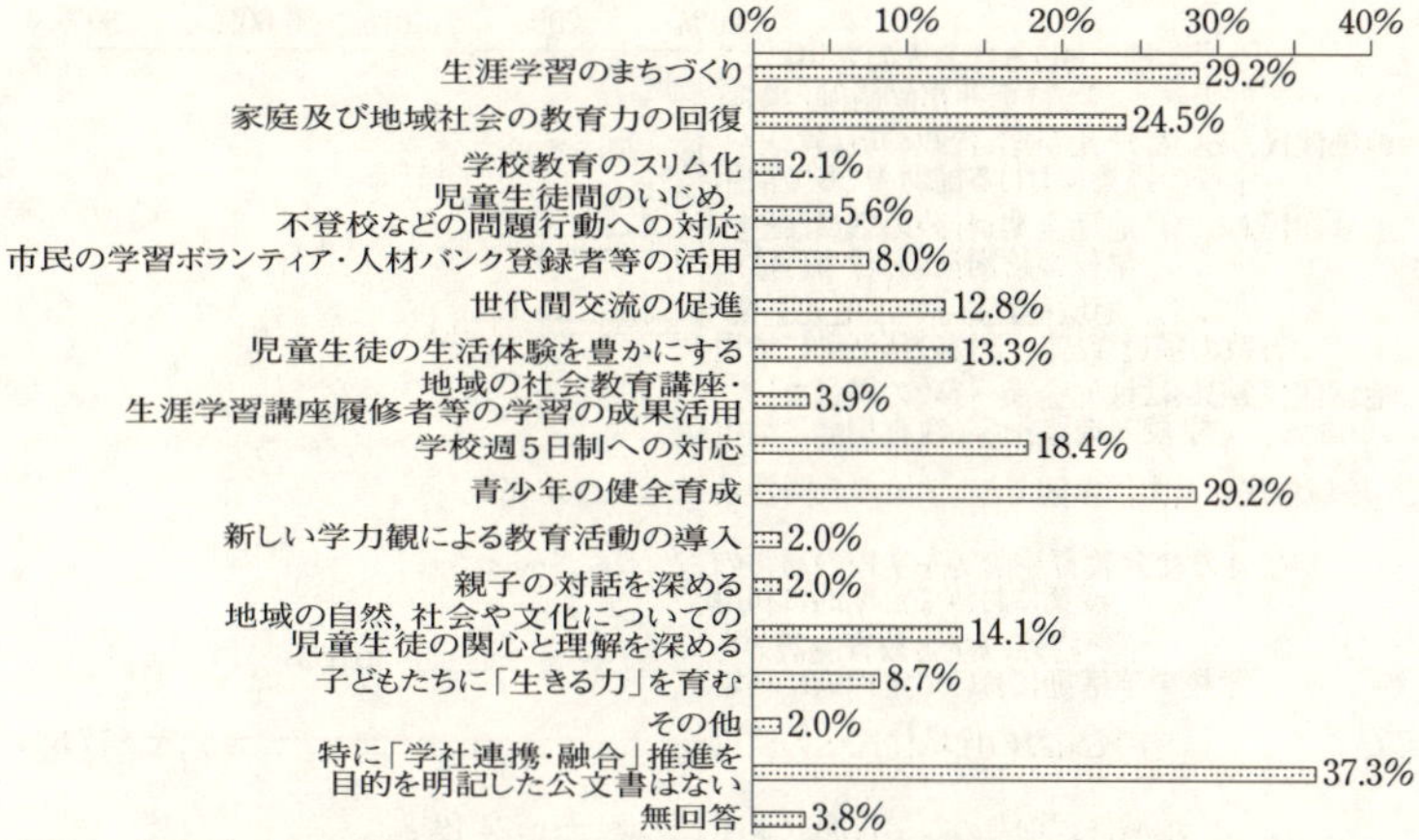


**図 14　行政の公文書等にかかげられている「学社連携・融合」事業推進の目的**
出典　注（23）に同じ．

二〇〇一年六月の教育改革関連六法の改正では、学校教育法、社会教育法の双方の条項で学社連携を推進するための規定が新たに付加され、青少年の奉仕・体験活動の推進と家庭教育の奨励を中心とする学社連携が法的根拠をもつことになった。とくに社会教育法では目的・任務を規定している第三条に「社会教育が学校教育及び家庭教育との密接な関連性を有することにかんがみ、学校教育との連携確保に努めるとともに、家庭教育の向上に資することとなるよう必要な配慮をするものとする」という第二項が新設された。市町村教育委員会の事務事項としても青少年のボランティア活動、社会奉仕体験活動、自然体験活動の事業の実施、家庭教育に関する講座等の奨励が明記された。今後、全国的に奉仕・体験活動実施のための学校と社会教育の連携の態勢づくりがすすむことになろう。

学社連携・融合には、学校的な教育的指導の枠をこえて、子どもたちの学びへの地域社会からの支援、社会教育施設活用による子どもたちの学習の深化、子どもたち

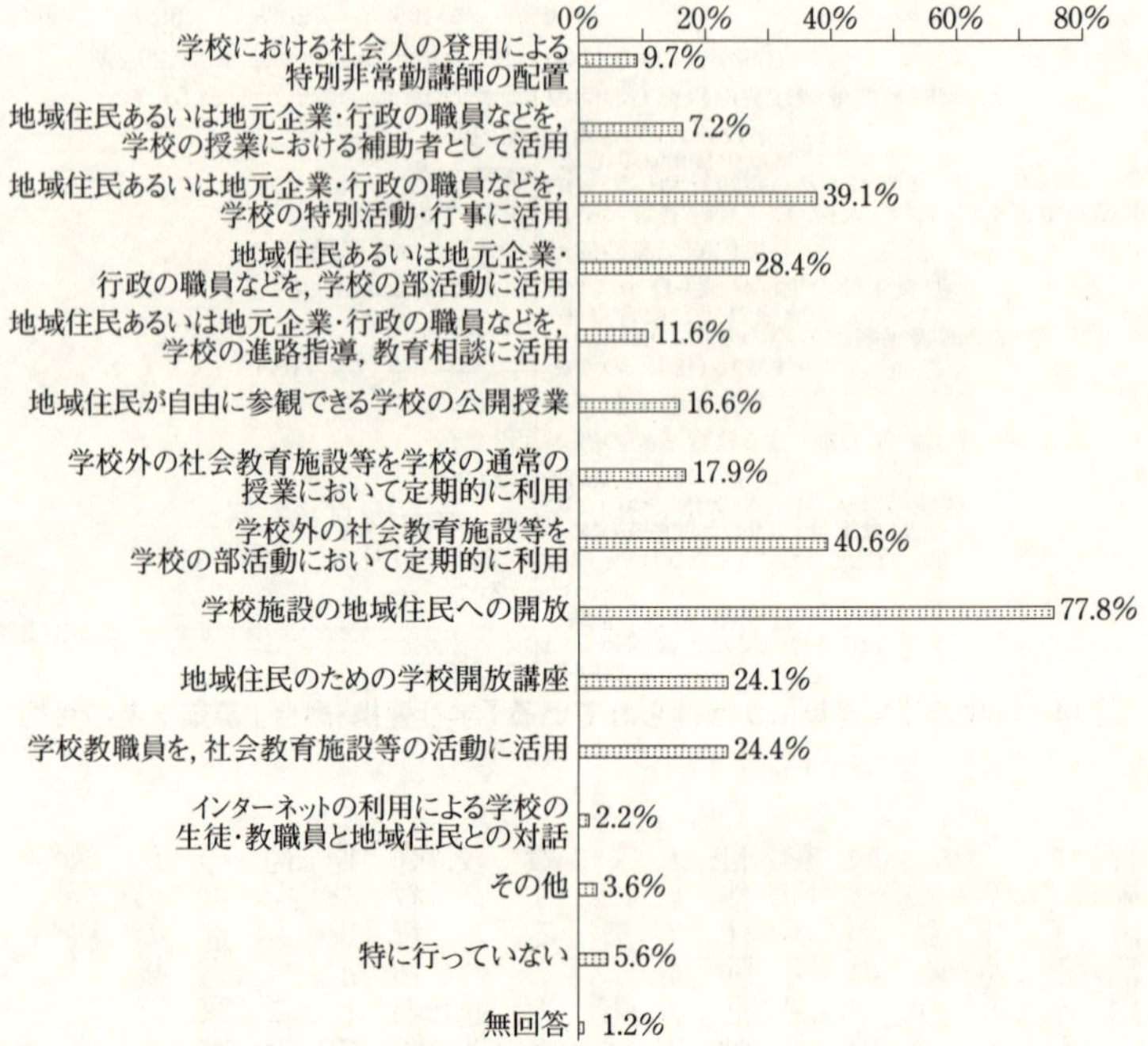


**図15　学校を基盤とする事業**　出典　注（23）に同じ．

と関係をもつことで生き生きとする大人たちの学びや文化活動などの側面がふくまれている。しかし、遊び・文化・スポーツ活動にとりくんできた青少年団体や社会教育施設などにとって、学校教育法・社会教育法改正、二〇〇二年の中教審答申による奉仕・体験活動の強調は、学社連携・融合の矮小化、社会教育事業の自由な展開への制約、枠付けをもたらすことになろう。従来、学社連携・融合は、各地域ごとに学校・PTA・地域諸団体の合意形成をつうじて創意的にとりくまれてきた。その経過に学び、それぞれの地域における実験的なとりくみの方法を評価するとともに、子どもたちの主体的な参加を促進するための条件や可能性を検討することが課題である。

### 学社連携・融合の推進方法

学社融合について、従来の学社連携とのちがいを強調する考え方もあるが、実際の形態は部分的な実施が多く、学校と連携する主体や連携にいたる経緯も多様である。

文部省学社融合推進プロジェクト教育ネットワーク構築推進事業と学社連携・推進モデル事業の委嘱を受けて実施された栃木県鹿沼市の場合は、「学社連携が深まって学社融合に発展すること」[24]はないと、その性格のちがいを強調しており、教育委員会生涯学習課が主導して学社融合を推進している。

鹿沼市では学社融合を「教育課程に位置づく学校教育活動と社会教育計画に位置づく社会教育活動が一体化し、同時に成立する状態」[25]と狭く定義しており、表8のような事例一覧をまとめている。なかでも学校図書館支援ボランティアグループ（KLV）が全市的にすべての学校で活動しており、中学生のボランティアグループも育てていること、総合的な学習やクラブ活動に地域ボランティアを活用することなどは、ほかの地域でもこころみられている連携であるが、行政主導の態勢づくりを契機に活動が促進されていることがわかる。

ほとんどの市町村では社会教育・生涯学習課よりも学校教育課の指導力が強く、しかも財政逼迫によって社会教育施設の縮小、首長部局や第三セクターへの統合などが加速される現状にある。学校教育と並立する社会教育・生涯学習の機能を拡充することなしに連携・融合を唱えても、画に描いた餅となるであろう。

教育課程の大幅削減を前提とした学校五日制下の「開かれた学校」の推進においては、個々の社会教育諸機関の事業内容、人的態勢の充実や子どもの学校外活動の発展の保障が不可欠の課題であり、学校外の

表8　鹿沼市における学社融合活動の事例

| 学社融合活動 | 学校教育 | 社会教育 |
|---|---|---|
| ▷性に関する授業の公開講座化 | ○学級活動の授業 | ○家庭教育学級 |
| ▷金銭教育に関する授業の公開講座化 | ○学級活動の授業 | ○家庭教育学級 |
| ▷社会科におけるインターネットを活用した調べ学習の実践 | ○社会科の授業 | ○学校教育支援ボランティア活動 |
| ▷板荷いろはカルタめぐり | ○社会科の授業 | ○公民館のふるさと講座 |
| ▷読み聞かせ活動 | ○国語科の授業 | ○図書館ボランティア活動 |
| ▷ふれあいの集い | ○高齢者福祉教育の学校行事 | ○世代間交流事業<br>高齢者教室 |
| ▷地域人材による演奏<br>▷クラブ活動の公開 | ○音楽科の授業<br>クラブ活動 | ○ミニコンサート<br>趣味，教養，体育等の学級講座 |
| ▷森林学習 | ○理科・社会科の授業，環境教育 | ○ふるさと講座<br>環境問題講座 |
| ▷国際理解教育の年間指導計画づくり | ○国語科・社会科・音楽科・体育科の授業，国際理解 | ○国際交流活動<br>国際理解講座<br>異文化理解 |
| ▷生活科の指導計画の見直し | ○生活科の授業 | ○家庭における生活指導の再点検 |

出典　注（25）参照.

社会文化的な学びの真価も問われている。「学社融合」という用語の普及によって、全国的にみると社会教育機関の主体性があいまいになるというネガティブな波及作用にどう歯止めをかけるかという問題も浮上しているのである。また、保護者・住民についても学校支援ボランティアとしてのかかわりにとどまらず、学校と対等な立場で学校運営に参加するしくみづくりがなければ、人権問題等への対応がないがしろとされる可能性もある。

以上のような課題をふまえると、学社連携・融合における地域社会との協力・協働の形態として、①大人が育ち、地域の民主主義が発展するしくみ、②社会教育機関の専門性にささえられたより豊かな学校外・社会教育的な学びの創造、③教師自身が地域から学び、専門性を高める機会をもつこと、④子どもたちが自発的に地域社会に参加する意欲をもつように働きかけること、などのとりくみの多様な発展が求められているといえよう。とりわけ、奉仕活動という枠付けにとらわれない社会教育施設事業の専門的なかかわりによって、読書や事物の観察学習、芸術鑑賞や遊び・野外活動・スポーツなどを推進することが重要性をもっている。

## 5 学校と地域社会の協力・協働

### 学校を拠点とするコミュニティの再生

学社融合の先進校として知られる千葉県習志野市立秋津小学校は、四つの余裕教室をシャッターで区切り、コミュニティルームとして住民運営委員会が管理して平日の朝九時から夜九時、休日も開放して住民が利用している。登録団体は約四〇団体である。この態勢がつくられたのは一九九五年のことであるが、それ以前に十年以上にわたって学校とPTA・地域住民が協力関係を発展させてきた経過があった。母親たちの文庫サークルのお話し会や父親たちの飼育小屋づくり、クラブ活動への協力などである。このほかに校内の畑用地を住民が耕作し、陶芸窯や学校ビオトープ、「ごろごろ図書室」なども住民ボランティアの手でつくられている。交流・連携・融合をキーワードにした学校と地域住民活動の相互連携・協働関係が恒常化している。(26)

秋津小学校の場合、コミュニティルームが自由な住民活動の拠点となっており、父親や地域の高齢者もふくむ住民全体が学校に集まって楽しみながらさまざまなとりくみが発展している。ユニークな父親集団のパワーが融合の牽引力であることは間違いないが、開かれた学校づくりを押し進めるリーダーとして宮崎稔・元校長の存在が鍵であったこともひろく知られる。学校の留意点として宮崎があげている以下の五点から、学校がまずかわることが決定的な条件であるということが示唆されている。(27)

(1) 地域との連携を可能にするのは学校の姿勢にかかっている。
(2) 「人材」に対する考えかたをはっきり持つ。
(3) 地域からの発信に学校は応答する。
(4) 学校は地域の触媒。
(5) 学校も地域も引っ越しできない。

とくに(2)についてつぎのように述べていることは、学社連携・融合の意義をとらえるうえで重要といえよう。「子どもの個性を伸長するには、多様な価値観にふれることとである。そのためには、学校は許す限りの人と連携する必要があるという確固たるビジョンを持つこと」「大人になっても学び続けようとする大人の姿は、子どもの生きた教材なのである。[28]」

学校は地域社会にたいして敷居を低くすることが課題とされるが、その根底には子どもを育てる地域社会の力についての信頼、いいかえれば教師と住民の相互信頼、相互成長の実感が共有されている。「完璧でないいまの姿を、できるだけ外部にみせたくないという学校側の精神的な狭さ[29]」を乗りこえてきたことが、今日の秋津を生みだした要因といえる。

しかし、このように校長にいわしめた住民の姿はどこにでも顕在化した集団として存在するとはいいきれない。秋津小学校区は埋め立て地の団地を校区とし、東京に通勤する同世代のサラリーマン家族が集住している地域である。親として地域の学校にかかわることで、コミュニティの生活のなかに閉鎖的な消費的個人主義の限界をこえた豊かさがうまれる。子どもたちのクラブ活動や生活科などの教科へのボランティアとしての参加は、特技をもたなくとも子どもと一緒に学ぶ楽しさが促進力となっており、団塊世代のポジティブなライフスタイルを共有した大人の集団形成が力となっている。

秋津コミュニティは、高度経済成長期に企業中心主義に流されてきた勤労者世代が、次世代を育てる課題に共にとりくむなかで発見した、バブル崩壊後の新しい生活共同体であり、多様な価値観のるつぼであることを相互に許容しうる学びの共同体であるという点に注目することが重要であろう。

### 社会教育施設の専門的な支援

青少年教育施設や社会教育施設は、学校外の任意の青少年活動を推進しているだけではなく、学校教育課程の充実にむけて積極的な連携を模索している。国立青年の家や少年自然の家は、「学社融合」という用語を生みだした母体でもある。博物館における郷土学習、歴史・環境学習、体験学習などのプログラム、図書館と学校図書館の連携などは、かなり定着してきている。公民館でも土曜日には子どもたちが参加する講座、体験活動、サークル活動が多彩に推進されている。

ここでは社会教育施設のそれぞれの特性を活かした専門的機能を拡充することが問われており、遊びや思いつき的な体験活動のレベルにとどまらない社会教育的な学習プログラムの開発が課題となっている。機能の高度化という点では、地域社会に立脚する施設の事業のみならず、都道府県・国レベルの施設ともネットワークを結んだ、体系的な子ども・学校支援事業のとりくみも求められているといえよう。

注目されるひとつの事例として、滋賀県立琵琶湖博物館の「びわ湖・ミュージアムスクール」モデル事業があげられる。この博物館は一九九六年に琵琶湖畔に設置された「湖と人間」を総合テーマとする淡海・環境・考古・民俗博物館である。六〇名の職員のうち二九名の研究職、二名の教育職、その他に嘱託職員やボランティアを擁している。[30]

年間約六五万人の来館者のうち、学校関係で八万人を校外学習等で受け入れている（一九九八年度）。交流・サービス活動の部門では、観察会、入門セミナー、博物館講座、体験学習などが年間をつうじて実施されており、とくに学校との連携としては、学校教職員に対する研修（年間二〇〇〇名以上）のほか、県内小学校・中学校・高等学校それぞれ一校を対象とするモデル的なプログラムを開発して連携・融合のありかたをさぐっている。

「びわ湖・ミュージアムスクール」は、単発的な校外学習とは異なり、一カ月から三カ月にわたる事前学習・博物館体験学習・事後学習の系統的な学習過程の組織化であり、小学校では五年の理科、中学校では一年の理科・社会科・特別活動、高等学校では三年の環境系選択科目「琵琶湖と環境」二単位にそれぞれ位置づけて展開されている。特徴として注目される点は「びわ湖・ミュージアムスクール検討委員会」が組織され、学校教員・博物館学芸員のほかに県教育委員会・総合教育センター・琵琶湖環境部環境政策課の職員も参加して年間にわたって計画・教育課程の実施・評価について協議しながらこれを推進していることである。

小学校のプログラムは図16のように展開され、博物館での体験学習ではそれぞれが選択した一〇のテーマで学芸員とともに調べ学習がおこなわれている。中学校では学年全体の二五四人が参加して一二のテーマで課題解決学習がおこなわれている。テキストが作成されたが、多人数の学習となるため受け入れ学校数を増やすことが難しいという問題がある。高校については年間をつうじての「琵琶湖と環境」の授業のなかで夏期五日間の集中講義を博物館でおこない、魚類、化石、土などについて調べ学習、採集・観察、船上実習、実験等を含む多彩な学習が展開されている。高校生が学芸員の指導を受けながらおこなった個人研究テーマは、表9のとおりである。(31)

博物館に教員の派遣があること、検討委員会による年間の推進態勢があること、博物館の研究機能が生かされて、学校内では不可能な実地の学習が系統的に展開されていること、小学校、中学校、高等学校それぞれの段階に応じた少人数グループの課題研究がおこなわれていることなど、このミュージアムスクールは、まさに学校カリキュラムの発展的部分を社会教育施設が専門的に担うという協力関係が生み出されている。

図16　小学校のミュージアムスクール　出典　注（31）参照.

常盤小学校

学年：5年生　2クラス（76人）

ステップ1
（気づきの段階）
動機付け

（2時間）
オリエンテーション
生き物にふれながらテーマ探し
セミナー室で学習のまとめ
（個人でテーマを考える）

学芸員参画
8人

ステップ2
（学習の段階）
フィールドワーク

（2時間）
学校　地域活動（川の生き物探検）

夏休み
自主学習（テーマに沿って）
無料観覧券の配布（自主見学）
プランクトンネットの作成（学芸員対応）
栽培漁業センターの見学　（学芸員対応）
質問コーナーでの対応　（学芸員対応）

（2時間）
話し合い（新たな課題）
博物館活動のテーマの絞り込み

ステップ3
（学習の段階）
博物館体験学習

（3時間）
博物館体験学習　10のテーマで学習活動
- 魚の食べているものを調べよう
- 魚の体のつくりを調べよう
- 魚のうろこを調べよう
- 魚の歯について調べよう
- ナマズについて調べよう
- 魚の外来種について調べよう
- 貝について調べよう
- プランクトンについて調べよう

学芸員参画
10人

・水草について調べよう
・固有種について調べよう

(2時間)
話し合い（地域学習への新たな課題）

ステップ4
(学習の段階)
フィールドワーク

(2時間)
学校　地域活動（昔の生き物について知ろう）
地域の年輩の方からの聞き取り（7人）
琵琶湖，川，田んぼなどでの生き物
魚つかみ，漁業，真珠養殖，水草など

ステップ5
(評価の段階)

(2時間)
学校　学習のまとめ
児童全員の発表会（地域の人，保護者参観）
学芸員の講評

学芸員参画
3人

ステップ6
(評価の段階)

(2時間)
外部への情報の発信
ホームページつくり

多数を受け入れることは物理的に無理であるため、教材づくりやインターネットによる情報提供もあわせて工夫されている。体験学習がともすれば発見・探求の入り口でとどまってしまう傾向があるのにたいして、ここでのモデル事業は学校と博物館の特性を相互に発揮しつつ、事物・環境に直接ふれながら、より深く学ぶという新たな学びの世界を創りだしていることが注目される。

しかし他方で、このような学社連携について「博物館が学校の要望に応じすぎて魅力を失う」という危惧も表明されている。[32] 学校とそれぞれの地域の社会教育施設が連携し、時間をかけて試行錯誤していく必要性とともに、社会教育施設自体が直接子どもたちにむけておこなっている日常の事業の質的、量的な拡充が求められている。学校との連携をきっかけとして、子どもたちの社会教育施設利用が

表9　高校生の選択科目「琵琶湖と環境」の個人研究テーマ

| 研究グループ | 個人研究テーマ |
|---|---|
| 学芸員A（生徒2名） | 「魚の感覚器について」「ブルーギルについて」 |
| B（生徒1名） | 「魚の飼育について」 |
| C（生徒2名） | 「プランクトンについて」「滋賀県の森・植生について」 |
| D（生徒2名） | 「貝について」「魚の餌と植物連鎖について」 |
| E（生徒4名） | 「富栄養化と合成洗剤について」「地層でわかる地球の歴史」「活断層・地層について」「地震について」 |
| F（生徒1名） | 「ビワコオオナマズの産卵について」 |

出典　注（31）参照.

活発になることが本来の方向性であることが見落とされてはならない。

### 体験活動と地域住民諸団体の教育力

専門性をもった社会教育施設とはことなる意味で、組織的経験による事業企画力をもつ地域の青少年団体や社会教育団体、NPOなどの住民諸団体が教育委員会や学校と組織的に連携した活動を展開することも、学校と地域社会の協働の新たな方法として重要性をもつ。なかでも生活体験学習は、一九九九年の生涯学習審議会答申「生活体験・自然体験が日本の子どもの心をはぐくむ」によって方向づけられ、学習指導要領にも明記されたことにより、学校カリキュラムの一環として、あるいは学校と連携した学校外活動として、地域社会教育団体の協力による学社連携事業としてひろがりをみている。

体験活動については、福岡県の庄内町をはじめとする通学合宿や地域の事業所が学校の依頼を受けておこなう職場体験活動、あるいは都市と農村の学校が交流する滞在型の自然体験学習など、多様な形態で実施されている。兵庫県では知事部局と教育委員会が協力して、県下の全中学校の二年生が五日間、自分の希望した場所で体験をおこなう大規模な「トライやるウィーク」が定着し、県レベル、市町レベル、中学校区レ

表10 「トライやる・ウイーク」の活動内容

| 平成11年度 | | 平成10年度 | |
|---|---|---|---|
| ① 職場体験活動 | 71.1% | ① 職場体験活動 | 72.1% |
| ② ボランティア福祉体験活動 | 7.7% | ② ボランティア福祉体験活動 | 8.8% |
| ③ 文化・芸術創作活動 | 7.7% | ③ 文化・芸術創作活動 | 6.4% |
| ④ 勤労生産活動 | 5.4% | ④ 勤労生産活動 | 5.2% |
| ⑤ その他の活動 | 8.1% | ⑤ その他の活動 | 7.5% |

出典　兵庫県教育委員会「地域に学ぶ『トライやる・ウイーク』のまとめ」2000年3月.

ベルに推進協議会が設置されて、毎年五万人をこえる中学生が学校と地域の連携事業に参加している。表10は、県全体で推進された主な活動内容である。

兵庫県の場合、阪神・淡路大震災が直接のきっかけとなり、全県的な関心の高まりがあったこと、知事が直接事業を促進し、予算措置や関係機関への働きかけをおこなったことなど、全県態勢でとりくんでいるため、県民や事業所の関心も高い。また、将来の進路を考える時期である中学校二年生に焦点化されているため、職場体験が中心的な活動となっている点も注目される。あくまでも子どもたちの希望による選択が原則であり、参加後に家族との対話が活発になったり、不登校の生徒が登校するきっかけとなったというデータがでていること、多様な機関や地域の人びとが子どもにかかわる意味を再認識していることなど、子どもたちを軸にした人間関係が活性化している点が興味深い。

現代では、都市、農村を問わず、子どもたちの生活・労働能力が衰退しており、体験活動の教育的意義が大きいことは言をまたない。だからこそ、一方では子どもの生活の豊かさを取り戻す体験活動が、学校外の自由な遊び・スポーツ・余暇活動として子どもたちの仲間のなかで自由におこなわれることが重要であり、そして他方では、体系的な学習に関連づけられた教育課程や進路指導の一環として、現実社会の問題にむきあい、人間の生きかたに接することのできるような体験活動のありかたが探求されなければならないのである。

しかし体験学習を重視する教育政策の動向には、先に述べた「公共性のジレンマ」とともに、より根源的に「意図的な教育」と「生活＝人間形成」との矛盾が存在している。その矛盾を短絡的に乗りこえるような政策化には、生活体験の内容のマニュアル化や生活体験の教育的意義の一面化、あるいは生活体験学習の画一化と動員化という、知育偏重以上に危険な陥穽があるということも看過すべきではない。ここでは生活体験がもつ無限の多様性、個人にとってのポジティブあるいはネガティブな意味が、のっぺらぼうに一面化されることにもなりかねない。その結果、子どもによかれとする生活体験学習が画一的に価値づけされた集団的な方法によって推進され、自由な感受性の疎外と行動の動員化、集団からの排除を招いたり、「操《あやつ》り」的な参加（ロジャー・ハート）に変質する危険性もある。

総合的な学習や体験学習の推進は、学校にとって困難な課題であり、ともすれば上滑りな興味本位の活動に左右され、学習としての意味が深められないままに終わることが多い。実施の準備や事後の総括にも大きな労力を要し、教師の多忙な実態が解消されないかぎり態勢づくりも容易ではない。適切な指導態勢をもてないまま法人などに外注化する動向もみられる。しかし、それでも子どもたちが地域で事物にふれながら、世代間の交流をおこない、地域の現実を知り、生きる意味を考える機会となりうるような体験学習本来の意義は軽視されてはならないであろう。その意味で体験学習の推進に協力する地域住民諸団体やＮＰＯの教育力が問われるのであり、単なる事業実施の請け負いではなく、これらの団体が子どもたちや教師と共に学び、教育力を高める方法もあわせて検討されなければならない。

岩手県教育委員会社会教育課では、一九九〇年度から「青少年ふるさと発見銀河鉄道」（現在の名称は「青少年ふるさと体験実施学習・銀河鉄道の旅」）というユニークな事業を、岩手県青年団協議会に委託して実施してきた。秋の連休を利用して三泊四日で全市町村の学校（小・中・高校、私立学校、養護学校を含む）から推薦された二〇〇人の子どもたちが参加し、鉄道・バスで旅行しながら複数の地域に滞在し、県と地元青年団を中心とした実行委員会がその企画を推進するという事業である。[33] 以下に掲載した高校生の感想文やスタッフとしてかかわった青年のコメント[34]にも示されているように、この事業は地域に生きる青年たちが討論し、掘り起こした地域の姿を同じ地域に生きる後輩たちに伝えたいという熱意にささえられた事業である。異世代間の感動の共有と地域発見的な学びをバネとして一〇年間継続され、二〇〇〇人以上の青少年が参加し、なかには青年団に加入してこの事業を継承している者もいる。また二〇〇一年度の末には高校生の自発的な提案で同期会合宿などもおこなわれた。

体験は一過性、一方向性のものではない。伝えたいと願う者とその願いを受けとめる子どもたちとのあいだに成立する共感的な活動である。このような関係づくりをつうじて地域社会を課題解決の場とする学習への導きがなされることに意義がある。体験学習の機会が自発的な参加型の学びとして発展していくために、その事業を推進する担い手の問題を重視し、地域社会の側が課題を投げかける力量を形成しつつ、子ども・学校と地域社会との対話を深めていくことが課題となっている。感じかたと意味づけの自由を許容した関係のもとで個々の体験が深められ、ともに生きる地域社会への関心を高めるきっかけをつくることが体験学習の課題といえるであろう。

これまで、学校と地域社会の協力・協働の具体的な推進について、学校を拠点とする住民活動、社会教

## いつか「岩手」について語りあいましょう

本部長　菊池錠二

三泊四日の旅は、みなさんに何を与えてくれたでしょうか？一人ひとりの感じたことは違うと思いますが、おそらく数え切れないたくさんのことをこの四日間という短い時間で得ることができたと思います。

この「銀河鉄道の旅」でしか味わえないもののために、私たち青年団は、多くの時間を費やし、これに取り組んできました。いつかみなさんが、私たちと共に自らが住んでいるこの「岩手」について語り合えるときがきっとくるでしょう。その時は、君たちがこの「銀河鉄道の夜」を実行してくれることを楽しみにしています。

## ふるぎんとゴリ兄さんへ

岩手県立盛岡工業高等学校二年
（十五班）　S・K

全く何と書いてよいのやら。沢山の事を得た旅だった。言葉にできない「いいもの」が心にできた。いろんな人と出会った。そのほとんどが初めての体験で、本当に銀河鉄道の様だった。みんな時にカンパネルラ、時にジョバンニといった感じで、教え合ったり、励まし合ったり仲間どうし、この四日間でかなり成長したのではないでしょうか。

僕は八人班の年長で、あだ名は「ごり兄。」インパクトが強かったらしく、みんなすぐに覚えてくれた。これは旅の中でうれしかった事の一つだ。班で初めて対面した時もみんな沈黙だったがこのあだ名と、積極的に話したせいか、みんな僕を頼ってくれるようになった。気がつけば班長になっていた。改めて「真剣に喋る」事はいい事だと思った。相手をあだ名で呼んでやる事。そういえば高校に入ってからはあんまりやっていなかった事だが、普通に名前を覚えるより簡単だし、親しげな感じで良い事だと思った。なんだか僕はこんな良い事をしばらくぶりに思い出した。旅の中で再三似たような事があって、僕はだいぶ気づかないうちに「いいもの」をこぼしていたらしい。気がついて良かった。

旅の中でというよりこの旅自体が強烈な印象があってすべてを書く事は本当に難しい事だと僕は思う。各町、村の人々それぞれみな温かくそして「ふる銀」の仲間をふくめ、みな真剣で、いい人達だった。また、今までいだいていた「岩手」とは全く違う印象を持つようになった。これが宮沢賢治の言っていた「イーハトーブ」なのかもしれないと思う。金ヶ崎町の藺細工、山田町の「鯨と海の博物館」ここはジュールベルヌの小説「海底二万マイル」に出て来そうな潜水具や、鯨の巨大な骨、山形村では、そば打ちを教えてくれたおばちゃんと農業について語ったりもした。炭焼きのおじさんは伝統を守っているといった感じで「カッコイイ」と思った。そして、各市町村で披露してくれた太鼓、そして三陸名物イカ踊りなど、それぞれの地域の熱意が伝わって来てこっちまで熱くなった。三日目の夜に行った各組の出し物では、準備のために列車の移動中まで頑張って三組全体協力していた。その中で怒号が飛んだり、喧嘩になったり、それでも最後は一丸となって歌った。踊った。みんな大盛り上がりで最後は観客も総立ちで一緒に歌った。その日の風呂ほど気持ちよかった風呂もないかもしれない。最終日の四日目は、感動して胸がいっぱいになった人や、別れるのがつらくて泣いている人もいた。各町村の人々、アドバイザーの人々への寄せ書きを書くたびに、その時々を思い出して正直言うと僕も泣いた。男泣きだ。手紙を書くのは大変だが、今も班員に書いている。

今回の旅は、本当に何度も書くがいろんな体験をし、「いいもの」を沢山得た。これは直接的に表に出てくる物ではなく、いきなり人を変えてしまったりするものではないけどゆっくり人を温かにしてくれて、その人に良い自信をつけてくれる物だと思う。僕の「いいもの」と他の人の「いいもの」双方の良い所だけをまぜ合わせてお互いを高め合う。この旅の意義はそんな所にあるかもしれない。

そういえば班で作った旗、みんなで作った歌詞の紙、あれは何よりも大切な自分の財産になっている。ずっと大切にしようと思う。

さあそろそろ僕の「いいもの」も効果を発揮し始めたぞ。

育施設の専門的な支援、地域住民諸団体の教育力の発揮という三つの実践的な展開をみてきた。これらの展開をつうじて、学校と地域社会の協働には子どもたちを育てる大きな可能性があるということ、またそれを発展させるためには学校・社会教育機関、住民諸団体、教育行政の三者の合意と信頼が不可欠であることが明らかにされている。

同時に、それぞれの主体や事業のもつ限界についてもみておかなくてはならない。地域の教育力が、すべての子どもにたいするすべての土曜日の活動をカバーしうる教育力であると考えること自体が、地域の教育力についてのリアリティを欠いた見かたであるといわざるをえないのである。進展する教育改革において、「地域の教育力」がきわめて抽象的、一般的な概念として用いられていること、究極的には教育における自己責任が強められていることの矛盾について、十分に自覚的でなければならないであろう。実際、文部科学省みずからが塾の役割に期待する趣旨の発言をおこなっている。

体験学習が教科外活動や学校外活動としてではなく、各学校段階の総合的な学習として展開される場合には、テーマごとに内容を深める探求的な活動への発展を導いていく教師の専門的な指導が不可欠である。とくに環境保護団体などによって開発されてきている「自然への気づき」「五感を使って体験する」「自然への科学的な理解を得る」などを目的にしたプログラム[35]や、住民グループと交流しながら地域の課題について学んでいくアクション・リサーチなどをつうじて、教師自身が専門的な研修を受けることが必要である。

二〇〇二年七月の奉仕・体験活動に関する中教審答申では総合的な学習の時間に奉仕活動が位置づけられており、ゴミ拾いや清掃なども例示されている。これでは総合的な学習の当初のねらいも矮小化され、子どもたちの学習意欲や探求心をはぐくむことはできないであろう。奉仕活動と体験学習が同一視されてよいのか、学校教育としてどのように推進されるべきなのか、地域の側からもその意味づけやとりくみの内容が問われなければならない。

子どもたちが育ち、自立していく過程では、学校教育の目的とは相対的にことなる独自の社会的な教育文化活動が重要な意味をもっている。学校教育が本来の機能を発揮するうえでも、家庭や地域社会における自発的な生活文化が豊かに創造されなければならない。その理念、担い手、計画化をめぐって、それぞれの自治体・地域社会での主体的なとりくみが求められているのである。

(1) 中野区編著『教育委員準公選の記録——中野の教育自治と参加のあゆみ』総合労働研究所、一九八二年、三一～三二頁。

(2) 前掲、上杉孝實『地域社会教育の展開』松籟社、一九九三年、一六～一七頁、第二章「社会教育と学校――一九二〇年代を中心に」を参照。

(3) 松原治郎「地域社会と教育」『新教育社会学辞典』東洋館出版社、一九八六年、六二三～六二四頁。

(4) 日教組学校五日制研究協力者会議・海老原治善『学校五日制読本』エイデル研究所、一九九一年。

(5) 学校五日制の月一回試行段階の文部省調査（一九九四年）では、保護者は土曜休みをさらに増やすことにたいして賛成三一パーセント、反対四七パーセントであった。しかし調査研究協力校については、同年の調査で月二回への移行について保護者の賛成は六六パーセント、反対は二八パーセントとなった。『内外教育』一九九四年一一月一五日。

(6) 前掲、藤田英典『教育改革』岩波新書、一九九七年、一四三頁。

(7) 日本社会教育学会編『週休二日制・学校五日制と社会教育』（日本の社会教育第三七集）東洋館出版社、一九九三年。

(8) 経済同友会『学校から「合校」へ』一九九五年。ここでは、学校を「基礎・基本教室」としてスリム化し、「自由教室」（芸術や選択的学習）と「体験教室」（地域社会への参加）の緩やかなネットワークで結ばれた「学校（合同）」を新しい学校観として打ち出している。

(9) 教育改革国民会議第一回議事録、曽野綾子委員の発言、二〇〇〇年三月二七日。および同『中間報告』同年九月二二日。なお二〇〇二年七月に出された中教審答申「青少年の奉仕活動・体験活動の推進方策等について」では、義務化の直接的な方策には踏み込んでいないが、初等中等教育段階における学校教育課程に奉仕・体験活動の推進を位置づけるとともに、大学でのとりくみの奨励、および青少年のボランティア活動歴の評価システムなど、教育をつうじての「強制」のしくみづくりが提言されている。

(10) 高階玲二他『学校五日制で教育はどう変わるか』教育出版、一九九六年、三七頁。

(11) 『朝日新聞』二〇〇二年二月一日付「週五日制 文科省、傾向と対策」、文部科学省調査。

(12) 大田堯『教育とは何か』岩波書店、一九九〇年、五二頁。

(13) 同右、五二～五八頁。
(14) 前掲、佐藤一子『生涯学習と社会参加』東京大学出版会、一九九八年、九八～一〇三頁。
(15) 長倉康彦『開かれた学校』日本放送出版協会、一九七三年、一九五～一九六頁。
(16) 同右、一九六～一九七頁。
(17) 文部省『余裕教室の転用——学校教育以外の施設への転用』第一法規出版、一九九九年。
(18) 同右。
(19) 千葉県習志野市立秋津小学校『学校参観資料』二〇〇一年度。
(20) 鹿沼市教育委員会編『学校をつくる地域をつくる』草土文化、二〇〇〇年。
(21) 土屋彰・皆川宏「生徒を中心にすえた学校づくりをめざして」、田沼朗「検証・上田六中の学校づくり」『教育』二〇〇一年五月号。
(22) 日本生涯教育学会編『生涯学習事典』東京書籍、一九九〇年、一七六頁。
(23) 国立教育研究所生涯学習研究部『教育の役割構造変容に伴う学社連携のパラダイム展開に関する研究』一九九九年、一二六～一二八頁。
(24) 注(20)に同じ、二二頁。
(25) 鹿沼市教育委員会「子どもを育てる方向の共有化と活動の協働化」一九九九年度発行資料。
(26) 注(19)に同じ。
(27) 岸祐司『学校を基地にお父さんのまちづくり』太郎次郎社、一九九九年、九二～九五頁。
(28) 同右。
(29) 同右、九五頁。
(30) 滋賀県立琵琶湖博物館『年報』第一号（一九九六年度）～第三号（一九九八年度）。同『要覧』一九九八年度など参照。
(31) 滋賀県立琵琶湖博物館『びわ湖・ミュージアムスクールモデル事業実施報告書』一九九八、九九年度。
(32) 『朝日新聞』二〇〇二年三月五日付「子供達殺到、博物館困った」参照。

(33)　岩手県青年団協議会『青年団四十周年記念誌』一九九三年、二三四〜二三八頁。ほかに毎年のこの事業の報告書がまとめられている。
(34)　岩手県教育委員会『青少年ふるさと体験実施学習事業報告書――銀河鉄道の旅』二〇〇〇年度。
(35)　前掲、降旗信一『ネイチャーゲームでひろがる環境教育』中央法規出版、二〇〇一年、二二頁。

# VI章　地域教育計画と住民の参加

地域の教育計画は、このいたいたしい日本の満身創痍の傷口の一つ一つにとりついて、地域地域の教師と地域の民衆と子どもとが、自らの力で起死回生の努力をふりしぼることである。

大田堯「地域の教育計画」（一九五二年）[1]

## 1　地域からの教育創造をめぐる課題

本書の各章では、「子どもが育つ地域社会」に焦点をあて、子育て・子育ちの営みの困難の社会的共有と、子どもの社会的自立にむけての大人と子どもの共同、そして公共の支援の可能性をさぐってきた。とりわけ、子ども・大人の共同の関係性の重層的な地域ネットワークが地域の教育力の再生にとって不可欠であることをふまえ、児童・青少年施設や地域青少年団体・ＮＰＯの役割、学校と地域社会の協働関係の構築等をめぐる各地の諸実践を意義づけ、地域からの教育創造の可能性と課題を明らかにしてきた。

しかし、「生きる力」の育成を主眼とする教育政策の展開のもとで、学社連携・融合の推進における奉仕活動の位置づけが強調され、実践の主体性と政策主導による「強制」との矛盾が深まりつつある。

社会教育・生涯学習の領域では、本来、自由で任意の参加が前提であり、子どもたちの学校外教育や地域活動も任意におこなわれている。しかし、本書において「公共性のジレンマ」と指摘してきたように、学校教育と一体化された連携を求められている地域社会教育・学校外教育において、「新たな『公共』を創り出すことに寄与する」（中教審答申「青少年の奉仕活動・体験活動の推進方策等について」二〇〇二年七月）という趣旨による奉仕活動の推進が大きな課題となりつつある。そこでは参加しないことの自由をふくむ任意の参加とはことなる「強制」原理を導入することが主張されており、自己教育・相互教育の原理にたって推進されてきた社会教育のありかたも変容をせまられることにならざるをえないであろう。

本書の冒頭で、地域社会とは歴史的・環境的・制度的空間であると規定し、個々人の関心にもとづく参加の過程をつうじてこの地域社会が意識化される過程を重視した。地域社会は制度的空間である以前に、地縁的・習俗的な近隣関係であったり、趣味縁や相互の生活連帯・課題解決の自発的市民活動のネットワークであったり、「もうひとつの」居場所と生きかた・仕事の模索の場であったりする。そこでは、自己実現とよりよい生活にむけて目的志向的に個々人が参加する過程をともなって、学習や文化活動が展開されている。このような地域社会形成をつうじて地域に共有されるべき生活文化的な価値への権利性が主張されるとともに、地方自治体における条件整備や社会教育・生涯学習政策による公共的な支援が課題となっている。社会教育活動は、地域社会の共同性と政治的な統制支配との矛盾をはらみながらも、制度的空間における住民自治的な公共性の発展と密接な関係をもちながら展開されてきたといえよう。

「子どもが育つ地域社会」を子どもと大人の自発的な参加と共同による自己教育・相互教育の場として発展させていくうえで、学校にたいする父母・住民の従属的な協力関係を、相互に自立的な協働関係へと変えていくことが今日的な課題となっている。この問題については、従来からＰＴＡの民主化という課題が論議されてきたが、一九七〇年代以降、欧米諸国の学校参加制度の実現にも影響を受けて、父母と教師の対等な関係による対話、学校運営への父母・住民・子どもたちの参加と意見反映の制度化が模索されてきた。八〇年代に始まる地域教育協議会や、九〇年代に各地の学校でこころみられるようになった教師・父母・生徒の三者あるいは住民を加えた四者の懇談会・協議会などの設置をつうじて、地域に開かれた学校運営と情報公開が志向されている。

二〇〇〇年度には学校教育法の一部改正によって学校評議員が制度化され、校長に委嘱された保護者・住民・有識者などが、校長の求めに応じて意見を述べる場が任意に設置されることになった。学校運営にたいする住民の意見聴取の制度という点では初めてのこころみである。校長の推薦を受けた限られた保護者・住民の意見交換の場であるが、より幅広い住民層の参加による学校協議会的な運用も可能であるという点では、参加制度としての発展の余地もある。

地方分権のもとで、子どもの問題や学校改革を意識した地方自治体ごとの独自の教育政策も試行されるようになった。学校行政の中央集権的な性格にたいして、地域からの教育改革や教育創造が、部分的であれ、地方の主体性のもとでおこなわれるようになったことは大きな変化である。またそこから自治体による教育自治立法の可能性も注目される(2)。

このような動向のもとで「子どもが育つ地域社会」を地域からの教育創造と教育の計画化によって発展させていくことは一定の現実性をもちはじめており、なかでも、学校参加、学校自治の実現が焦眉の課題となっている。しかし、本書で明らかにしてきたように、子どもの自立をささえる父母・住民と教師たちとの共同意志形成によって、学校と地域社会の対等な協働関係をつくりだすためには、地域の教育力の再生という課題を避けることはできないと考えられる。

その意味では、学校参加にとどまらない、地域における教育参加（地方教育行政における住民参加原理）の発展が求められている。そこでは社会教育において蓄積されてきた自己教育・相互教育の原理、すなわち大人が学ぶことの意義が根源的な重要性をもっており、また学校に行けない子どもたちの問題や学校外、あるいは学校卒業後の子ども・青年たち、マイノリティの子どもたちの生活・労働・文化の問題をふくむ多様な子ども・青年の社会的な自立にむけた支援の方策と地域教育計画が視野に入れられなければならないのである。

終章にあたる本章では、「子どもが育つ地域社会」をどう豊かに創造するかという視点から、地方自治体の教育計画と教育参加の問題に焦点をあて、担い手である地域住民の主体形成がどのように模索されているかを明らかにしたい。

## 2 地域における教育自治とその主体

地域における教育自治のありかたについては、教育基本法第一〇条の解釈をめぐって教育法学の領域で長く論議されてきた。この条項について解説した鈴木英一によれば、「地域における教育自治は、地域が子どもの成長発達にとって基本的役割を果たすという認識に立脚し、父母・住民が共同して生活の場である地域全体の教育を発展させるという考え（地域の教育力）を土台とし、学校にたいする発言権など、父母・住民の教育権の行使によって成り立つ」とされる。(3)

しかし、理念的にはこのようなとらえかたがなされても、くりかえし今橋盛勝が指摘してきたように、法解釈的・制度的な研究における父母・住民の教育権論は、教育法学の基本的な課題として十分立論されてこなかった(4)。日本教育法学会が三〇年の研究蓄積を総括し、二〇〇一年に刊行した講座『現代教育法』の第三巻『自治・分権と教育法』においても、学校自治論については新たな展開がとらえられているが、父母・住民は学校運営に参加する限りで登場しているにすぎず、「子どもが育つ地域社会」の教育的営みの総体はまだ「教育自治・参加」論の検討の外におかれているのである(5)。

この問題については、すでに一九七〇年代に藤岡貞彦によって先駆的な指摘がなされ、さらに八〇年代にはいって今橋盛勝によって精緻な法社会学的研究の成果がまとめられている。藤岡の研究はII章で述べたように、地域教育運動と環境問題住民運動の双方の発展上に地域教育計画のビジョンを見いだし、教育権の民衆的自覚の過程についての教育法社会学的な研究の必要性を提起したものであった(6)。

また、今橋盛勝は学校の教師の専門性・自律性を根幹とする国民の教育権論において父母・住民の教育権はどう実体的に構成されるのかを問い、学校制度外の社会教育、地域教育運動を視野に入れた父母・住民の教育権論の体系化をこころみ、本書の課題である「子どもが育つ地域社会」の法理について示唆をあたえている。

今橋は住民の教育権を根幹にすえながら、「教育の地方自治」の条理を「教育の地域性」と「地域の教育性」の二つの側面から説明している(7)。今橋の「住民の教育権」説では、父母・住民を学校参加の主体として限定的にとらえるのではなく、自治的な教育文化事業や子育て、公教育の内容編成、自治体の教育条件整備等の全般にわたって権利を行使しうる地域の教育自治の主体であるととらえている。ここでは教育制度が中央集権的にではなく分権化されて地方自治に委ねられ、画一的ではなく地域ごとの特色をもって推進されるという住民自治原理が、地域と教育の歴史的な形成過程に即して主張されている。今橋の学説は、学問的真理にねざす教師の専門性・自律性によって教育の自由が保障されるという国民の教育権論の理念性の一面の限界を指摘し、住民が主体となって地域的に教育が営まれる過程にリアリティを見いだし、それを法理として構築することを課題とした。

現実的に未解明な部分を残しつつも、今橋は教育住民運動のひろがりや諸外国の状況を念頭において、八〇年代初頭に「住民の学校関与力」を問題にし、次のような先見的な見解を提起したのである。

「父母を含めて住民・地域内部に『学校関与力』がどの程度存在するのか、それはどこで何を契機に形成されているのか、父母と住民とのあいだで『学校関与力』の形成・発展・継承・再生産がどのようになされているのか、学校・教師・組合・サークルは、それにいかにかかわっているか、いかなる役割を果たしているのか、等を解明することは、父母の教育権にとっても、住民の教育権にとっても、きわめて重要な意味をもっている。（中略）父母の教育権・教育の自由は、地域・住民の『学校関与力』にささえられ、教育の地方自治・住民自治、住民の教育権――『教育の地域性』『地域の教育性』――子育て・教育の地域的共同事業性という公教育の法理と構造につらなるとき、実体的権利性をもつことになろう。(8)」

以後、今橋は学校父母会議の構想を提起し、子どもの人権と父母の人権という視点から父母の学校参加の可能性を追求していく。(9)今橋が指摘しているように、「学校関与力」は「子育て・教育の地域的共同事業性」の発展と相互一体的に発展するものといえる。その意味では父母・住民の学校参加と、その地域（学校区・行政区・あるいはそれをこえた地域ネットワーク）における多様で自主的な子育て・教育事業における参加が、総体的に地域住民の教育自治として法理形成される可能性、すなわち父母・住民の側からみれば学校参加と地域参加の双方をふくむ地域教育計画への参加の問題が要の問題として問われているのである。

このように地域の教育自治の主体が住民であるという考えかたは、理念的な解釈においても、また教育住民運動の法社会学的な研究においても、先見性をもって主張されている。しかしV章で述べたように、二一世紀の学校と地域社会の協働関係においては、その様相は複雑である。

新自由主義的な教育改革のもとで、父母・住民は教育権を行使する主体というよりは、市場原理にもとづく個人的選択肢をもつ主体として想定されたり、学校の求めに応じる範囲で自発的に参加する主体であったり、さらには奉仕という名の「協力」をおこなう主体であることが期待されている。これらの多様な参加の諸相のなかで、学校と地域社会の協働関係のシステム化が政策的に推進されている。このような政策的枠付けのなかで、「参加」の目的と方法をめぐって、参加している当事者である住民自身の自問自答が続けられているのである。

多くの場合、一般の父母・住民にとって、教育政策や学校運営にたいしてインフォーマルな懇談の場以外に発言する機会は開かれておらず、ましてや学校運営の一定の事項について決定に参加する権限はあたえられていない。決定過程への意見反映の保障を欠いた行事への協力等の参加などにとどまっており、そのしくみは、欧米における学校評議会とは質的にことなる。自治体の都市計画や公共施設の設置・運営においてかなりとりいれられるようになった計画策定過程における住民参加、公聴制度における意見反映、運営審議会制度などにくらべると、学校統廃合などの事態を例外として、平時における学校運営への参加は取り残されてきた聖域であるといえるであろう。学校評議員制度についても学校運営への民意反映というよりも、一般的には校長のリーダーシップへのサポートのような、閉じられた制度として機能する可能性が大きい。

こうした現状をふまえて、あらためて、地域における教育自治・教育参加をめぐる法的権利の主体の問題を、地方自治体の教育計画と教育機関の運営における地域住民の参加の実態のレベルから問わなければならないのである。

## 3 教育の計画化と住民の参加

### 父母・住民の教育参加の促進

地域における教育自治が、地方自治体独自の教育政策と教育住民運動をつうじて問題にされた先駆的な事例は、一九七九年から実施された東京都中野区の教育委員準公選制であった。中野区では、一九六〇年代後半から地域の教育運動やPTA活動が活発化し、教育委員公選制復活への関心の高まりがみられた。区政の方針として区民の自治・参加・連帯をめざす「ともにつくる人間のまち中野」というビジョンがうちだされ、住民諸団体、学識者、議会をまきこんだ検討をつうじて教育行政への民意反映の手続きとして区民投票による教育委員候補者選びが条例化された。しかし、この条例は違法であるとの文部省の解釈がだされ、議会内の対立から一九九五年に廃止された。

一九七〇年代には、教育懇談会などの父母と教師の自主的な対話、教育問題を語るつどいなどが全国的にひろがっており、中野区の準公選制の運動も区民投票の実施だけではなく、こうした日常的な教育懇談会のひろがりが背景にあった。中野区では一九八二年以降、全中学校区における地区教育懇談会を社会教育事業として推進しており、二〇〇二年現在もその事業が続けられている。

中野区における準公選制と地区教育懇談会の実施は、革新区政による参加のまちづくりの一環であり、その後の教育の地方分権の潮流の嚆矢といえるものであった。前者は教育行政への民意反映システムを条例によって制度化した教育改革であり、後者は学校区ごとの情報交換や教育のつどいなどをつうじて、学校長や青少年委員、児童福祉施設職員、PTA役員などが一堂に会して地域と学校の課題の共有化と合意形成をはかる場として位置づけられた。全国の注目を受けつつ、中野区は地域からの教育制度改革と日常的な地域活動をつうじての合意形成の双方で住民参加の方法を試行したが、学校区における住民参加の制度化にはいたらなかった。

これにたいして一九八〇年代半ばから川崎市で地域教育会議の構想が策定され、九〇年から新たな住民参加のこころみが始められた。後述するように川崎市の場合は、小学校区ごとの教育集会を経て、全中学校区と行政区に住民参加による地域教育会議を設置している。設置目的として「地域からの教育改革」をかかげ、市民の教育に関する意見を集約し、「地域の教育行政や機関、青少年団体に提言を行う」活動がおこなわれているという点で、中野区の地区教育懇談会に類似してはいるが、学校区における教育参加の組織的推進という性格をより明確にしたとりくみといえるであろう(10)。

一九九〇年代後半になると、九六年の中教審答申や地方分権化の推進を受けて、地域からの教育改革が各地でとりくまれるようになる。高知県では一九九六年に始まる「土佐の教育改革」のなかでひろく県民の参加を求めた県レベルの「教育改革を考える会」が発足し、討論の合意点の多くが教育改革プランとして具体化されるという教育改革運動が着手された。このなかで教師・父母・生徒の参加する学校協議会と、地域ごとに設置された地域教育推進会議による地域ぐるみ教育が推進され、地域の教育力を高めながら地域に開かれた学校づくり、生徒参加の授業評価システム、高校生の社会参加、中・高連携事業などの改革が実施されている。県知事の政治的リーダーシップを背景に、県民が発言し、連携・協力するという総合的・多面的な教育改革がすすめられている現状にある。(11)

この他、八〇年代初頭から地域と連携する学校づくりとしてコミュニティスクールを実施し、九七年にナーチャリング・コミュニティ(子どもを育てる地域社会)という、中学校区単位の子育てボランティア参加事業を推進している千葉県市川市の事例、(12)文部科学省が想定していなかった児童・生徒参加による学校協議会および地方自治法による附属機関として教育委員会の諮問に応じて審議し、答申する権限をもつ住民参加の教育審議会を二〇〇〇年に条例設置した埼玉県鶴ヶ島市の事例(13)など、教育改革・学校づくりへの住民参加は各地でさまざまに展開されている。

北海道宗谷地方の地域住民合意運動による学校づくりの経験や、福島県三春町、神奈川県逗子市などの教育長の公募による教育改革の経験などの先進的事例に学び、それぞれの地域で実現できることを創意工夫しながら改革プログラムを実施していることが現代の地域教育改革の特徴といえよう。ここでは、教育行政と教職員組合の対立のなかで閉鎖性の強かった学校運営について情報を公開し、子どもや父母・住民の意見を聞くことによって住民の信頼と協力を求めるという開かれた姿勢がうまれている。また首長の姿勢やリーダーシップによって住民参加が実現されているケースが多いという点も特徴といえる。他方、学校教職員の主体性や教育委員会の自立性も問われており、改革過程における新たな教育力量形成の問題や、学校長を中心とする学校経営方針と父母・教職員・生徒参加の関係、参加する住民サイドの人材の発掘・

養成などが課題となっている。

こうした動向のなかで、自治体の教育改革構想によって、地域・学校区・学校レベルの教育創造がどのように促進され、中央集権的な指導態勢のもとで慣行となってきた上意下達的な決定過程やコミュニケーションのありかたが開かれたものに変化してきたのかが注目される。自発的な住民参加と制度的な参加のそれぞれの意義と相互関係をどう考えるべきか、子どもたちの参加を大人はどう支援すべきかなどをめぐって、地域からの教育改革を推進する政策理念形成過程、地域教育計画の策定過程、地域・学校における日常的な教育創造という三つの次元における教育参加の実態について、検証が求められているのである。

### 川崎市における地域教育会議の構想

学校参加が父母と児童・生徒の参加を中心におき、教職員との対話と相互理解を促進することを目的とするのにたいして、学校区における参加の主体は住民であり、その目的はより複合的である。今日の教育改革において「地域に開かれた学校づくり」や「学校教育課程における地域の教育力の活用」がうたわれており、学校区における住民の参加、または協力態勢は不可欠となっている。その意味では学校評議員制だけでは不十分であり、より多数の住民が参加する学校協議会についても、学校区における住民参加との連携・調整が問題とならざるをえない。

しかし他方で、学校区の参加においては、単一の目的の実現よりも多様な主体間の相互のコーディネート機能（相互連携・調整）の推進や、複合的な目的の実現が課題となり、住民ボランティア組織としての運営の難しさがある。校長を中心とした経営的な組織における父母・生徒の学校参加と、それぞれの主体がたてまえとしては対等かつ任意の関係を前提にしている学校区への住民参加をどう関係づけるかという問題は、実際にはまだ十分検討されていない課題といえるのである。

川崎市では、学校区・行政区への住民参加を主眼においた地域教育会議の設置が一九九〇年から着手され、一二年の歳月を経た。二〇〇一年度には学校教育推進会議が試行され、学校区と学校の双方における父母・住民の参加が推進されている。ここでの政策理念形成、地域教育計画策定、地域における教育創造過程を検証することは、学校と地域社会の協働関係をどう発展させるかという点で示唆に富んでいる。以下、地域教育会議の設置にいたる経緯と活動実態をふまえて、この点をほりさげてみよう(14)。

地域教育会議の提案がなされたのは、一九八四年に市長の諮問を受けて一九八六年に提出された川崎市教育懇談会(会長 碓井正久)の報告書『いきいきとした川崎の教育をめざして』においてであった。政策理念の形成という点からみると、この報告書はいくつかの特色をもっている。

第一には、学識者を中心とする懇談会と並行して、市民諸団体の代表による「川崎の教育を考える市民会議」が発足し、小学校区ごとの教育集会を開催し、のべ四万人の参加をつうじて六五〇〇件の意見をまとめ、教育懇談会の報告書作成に反映させたことである。一九八〇年代初頭に地元で発生した金属バットによる少年の両親殺害事件や中学生の浮浪者襲撃事件などの衝撃が市民の関心を高め、教育論議が活発に交わされたことが、父母だけではなくひろく住民の参加を促進する土壌となった。

第二には、こうした幅ひろい市民の意見反映とともに、懇談会に参加した学識者たちの専門的な提言によって、教育参加の理念・目的が理論的に構築されていることである。ここでは①教育の社会化——子どもの発達を軸にして、学校をはじめとする教育関係施設を「社会化」すること。②地域の教育化——子どもの発達を軸にして地域を「教育化」すること。③行政の市民化——行政を市民化すること、の三つの柱が提言されている。

臨教審答申の基調となっている未来予測的な生涯学習論にたいして、懇談会の報告では、エレン・ケイの『児童の世紀』をひきながら「戦争と差別と圧制を許さない文化」「すべての人間の生命と生活の自由を脅かさない文化」をはぐくみ市民の自立と民主主義・参加をうながす生涯教育の理念をうたっている。報告書自体が国の生涯学習体系化に対置された川崎独自の地域生涯学習計画である点が注目される。

第三には、懇談会が一二〇回以上の会合を開き、数十の団体・機関からのヒアリングを重ね、これらの提言を受けて細部について具体的でかつ創造的な構想をまとめていることである。たとえば「子どもの声に耳を傾けよう」の項では、すでに実施されている子ども・親・教師の三者懇談会や中学生集会のとりくみが言及され、「いきいきとした学校をめざして」の項では「教育活性化事業」や「学校・地域連帯モデル事業」として川崎市で実践されているカリキュラム改革や地域・学校間の交流事業、在日外国人との交流などが例示されて「学校の裁量範囲の拡大」が提案されている。「学校と地域社会の新しい関係の構築」の項では、市民討議でだされた地域活動の事例をふまえて「教師・親・住民が学校教育と家庭教育、社会教育の枠を一歩ずつ踏みだし、対等な立場で、子どものための市民共同の事業への参加者として、協力し、実践していくことが、地域の教育力の活性化を現実のものとしていくのです」と新しい参加のありかたを方向づけている。

このように川崎市ではボトムアップ方式が貫かれ、具体的事例や地域活動の課題をふまえ、専門的な立論と住民・教育現場の声がていねいに教育改革理念形成過程にフィードバックされている点に特徴がある。

このような意味で、首長や教育長のリーダーシップや意向による改革理念の提唱とはことなる地域ごとの論議の積みあげがなされている。理念形成の過程自体が住民・教職員の参加による共同学習の過程でもあったことが注目される。この報告書が教育への市民参加の理念をうみだしたバイブルとよばれるゆえんであろう。

結論として、この報告書では、学校づくり、市民討議、中学生集会、市民の「教育イノベーター」の活動、区民懇話会などの教育への市民参加の動向をふまえ、「小学校区ごとに教師・親・住民の教育意見を交流し、合意形成をはかる組織」として小学校区の地域教育会議の構想が提案された。

### 教育計画における地域教育会議の位置づけと組織・機能

報告書の提言を受けて、川崎市の基本計画策定と新たな都市再開発の推進、市長の交代、国の生涯学習振興法制定などの影響を受けながら、教員組合や市民の活動にささえられて、時間をかけて構想の具体化がはかられていった。その過程について要約すると、以下の経緯が注目される。

第一に教育懇談会報告では、子どもをめぐる地域の教育状況と学校を開くという課題を中心として「地域教育会議」が構想された。実現にあたっては八〇年代末に新たに発足した生涯学習推進基本構想策定調査委員会の論議を経て生涯学習推進基本計画の一環に位置づけられるとともに、地方分権・市民参加を基本理念とする川崎市基本計画（「二〇一〇かわさきプラン」一九八九年）に位置づけられて具体化された。

実施の手続きとしては、地域教育会議の企画・実施、定着化と発展に関する業務をおこなうため、川崎市地域教育会議推進協議会を要項で設置し、協議会の事業の一部を中学校区地域教育会議と行政区地域教育会議に委任するという方法がとられている。各地域教育会議への委託料は二〇〇二年現在で約三〇万円である。

提言から最初の試行までに四年を要し、小学校区単位の地域教育会議という当初の構想は中学校区地域教育会議と行政区教育会議にシステム化され、一九九七年までに全五一中学校区、全七行政区に設置された。公費で専任事務局員が配置されたところが七中学校区となったが、均等化をはかるため二〇〇二年度からは年間四万数千円という少額の事務局運営費を全地域教育会議に配分することになった。

このように全中学校区・行政区の設置自体も容易ではなかったとおもわれるが、それでも生涯学習推進基本計画（一九九三年）には、「将来の問題として小学校区への波及も考える必要があります」としており、地域教育会議を中学校区に設置するか、小学校区が望ましいかという点については課題が残されている。

第二に注目される点は、地域教育会議推進協議会が提唱する地域教育会議の目的が、以下の五点に集約されたことである。

（1）地域の子育て、住民の生涯学習等について、保護者・教職員・住民の話しあいによる合意を創りだし、ネットワーク化をはかる。
（2）地域の人びとが日常的に地域の教育に参加し、行政に住民の意見を反映させるようにする。
（3）地域の教育のために活動する町内会、子ども会、地域のスポーツ団体等と連携・協力し、新しい時代の地域の教育の振興をはかる。
（4）青少年の地域での活動を振興し、健やかな発達を支援する。
（5）地域の人びとの生涯学習のニーズをとりまとめ、地域の人びとの学習活動を支援する。

これにたいして行政側の地域教育会議実施要項では、より簡潔につぎのように目的を定めている。

「中学校区・行政区において、学校・家庭・地域社会の連携により、区内の子育てや生涯学習のネットワークづくりと、教育への市民参加システムづくりを行い、中学校区・行政区での教育力の向上をめざすことを目的とします。」

各学校区の地域教育会議はこの大綱にそって自主的に規約をつくり、委員や役員について定めている。たとえば川崎区の行政区地域教育会議の規約には「定義」としてつぎのような条文がかかげられている。

「川崎区地域教育会議は、市民の自主的・民主的な組織として子どもたちの健全育成、および市民の生涯学習推進のために、市民が互いに協力・協調しあい、地域の教育・文化・芸術・スポーツ等の諸活動を展開すると共に、教育における住民自治を目指します。」

地域教育区については図17のような説明資料があり、全中学校区について運営のありかたについて考えかたの浸透がはかられている。

以上に示されるように、地域教育会議の目的は複合的でかなり幅がひろい。「地域からの教育改革」「市民が主体的に関わって進められる教育改革」「民主的な組織による教育改革」とうたわれているが、実質的には「教育を語るつどい」「調査・研究活動」「地域活動の連絡・調整」「広報活動」が主な共通事業として例示されており、加えて「子ども会議」の開催が奨励されている。

それぞれの地域教育会議の独自活動のとりくみも当然期待されてはいるが、実際には地域による濃淡がある。当初構想された教育改革への市民の提言という機能が、とくに学校との関係ではあいまいな位置づけとなっており、学校教育推進会議の発足のなかで、地域教育会議の役割・機能をめぐって新たな論議が

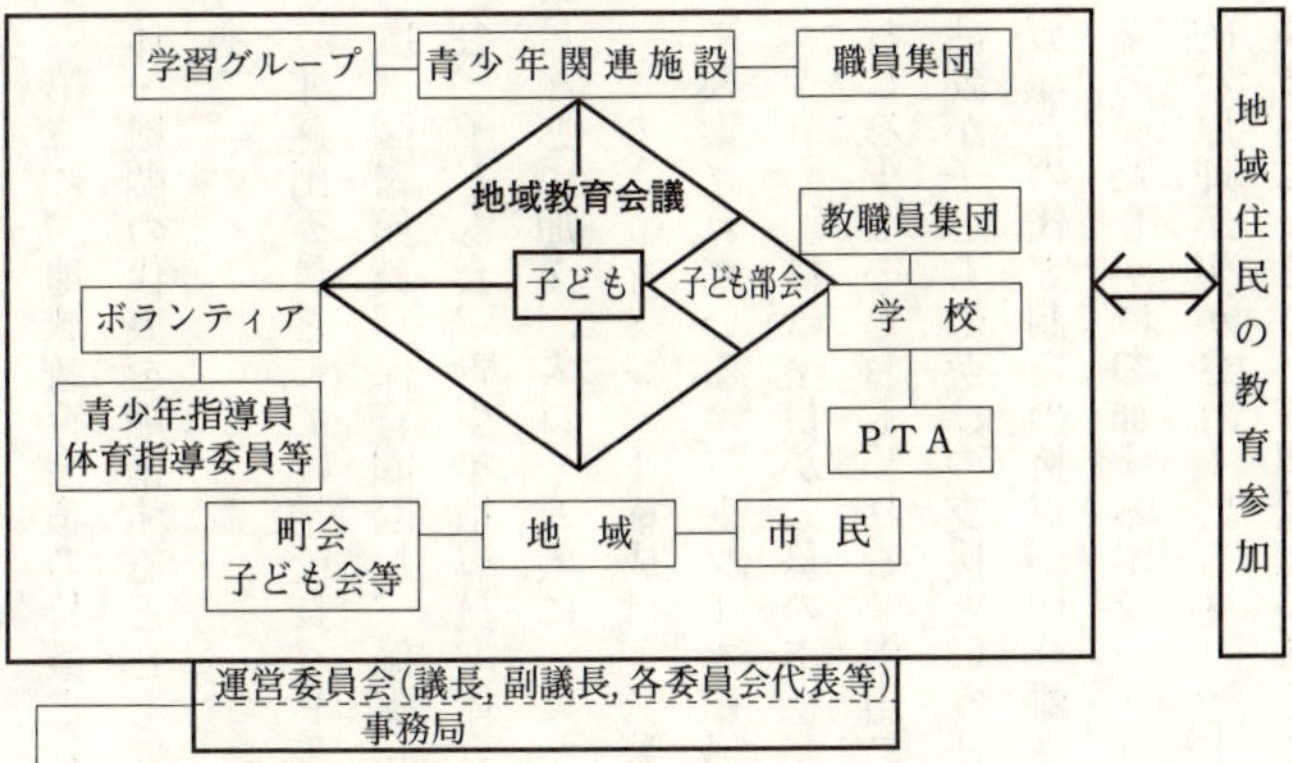


①地域教育集会の企画
ア　教育を語るつどい(特に小学校区集会, ミニ集会の開催)
イ　地域子ども会議の開催
ウ　教育を語るつどい後の意見集約

②調査・研究活動
ア　地域教育力(人材, 施設, 環境等)に関する調査活動
イ　遊び場マップ等の調査, 作成活動
ウ　地域の各種要求等のアンケート調査など
エ　教育・子育てに関する相談のための研究・調査

③地域活動の連絡・調整
ア　地域の様々なグループ・活動団体の情報収集, 調整
イ　地域活動に関する情報の収集, 提供
ウ　各団体どうしの連絡を助け, 互いの会員に呼びかけて各種行事を盛り上げる

④広報活動
ア「地域教育会議だより」の編集・発行
イ　調査・研究資料, 情報資料のPR活動
ウ　地域での世論の形成

⑤行政区地域教育会議への参加

⑥独自活動
ア　青少年の健やかな発達を支援する活動
イ　地域住民の生涯教育に関する活動
ウ　委託家庭教育学級の企画実施
エ　子ども自身の計画による活動

**図 17　地域教育会議の組織と活動**

出典『川崎市における「地域教育会議」の取り組み』, 注（14）参照.

始まっている状況にある。[15]

第三に、地域教育会議の特徴としてあげられる点は、構成員が数十名におよび、中学校区内の多くの団体・機関の代表を網羅するとともに、公募（推薦）による住民委員の開かれた参加を実現していることである。

非選出委員としては学校長、PTA会長、子ども文化センター館長、市民館職員、主任児童委員、学校医、図書館員、保育園園長、保護司などがおり、選出委員としては、保護者、学校教職員、町内会・自治会、子ども会、青少年指導員、体育指導員、民生委員、社会福祉協議会委員、少年補導員、区民懇話会委員などに加え、人口一万人に一人を目安として、数名から二〇名前後の公募住民委員がいる。

このようなメンバー構成は、公募の住民委員を除くと、現在各地で学校・家庭・地域の連携推進のために模索されているネットワーク組織の雛形ともいえる。千葉県市川市の中学校区ナーチャリング・コミュニティの組織は全員が公募のボランティアによって構成されているが、学社連携の推進ではそうした例はむしろ少ないとおもわれる。市川の方式は、やる気のある人たちの集まりで実行性と機動性は大きいが、活動が子どもの遊びの支援という任意の内容にとどまり、学校・地域の児童施設などの公的機関や子ども会などの代表制との接点が切り離されており、連携・合意形成や提言機能には結びつかないという問題がある。たしかに参加するボランティアにとっては負担感や義務感が少なく、活動の任意性という社会教育的な原理が生かされているメリットもあるとおもわれるが、委託事業としての公費支出の目的・根拠があいまいになるという問題点があることも否めない。

川崎市の場合、非選出委員を中心に代表制を確保しながら、公募による住民委員の参加によって、自発性や専門性をもった人材の活用を保障しており、さらに行政区のレベルで中学校区の活動を汲み上げて区政に反映させるしくみもあり、工夫された組織形態といえる。しかし、それでも数十名の委員のなかでの参加・関心の度合いは多様であり、非選出委員が一年で交代したり、教員が市外からの異動で赴任するため、常に最初にもどって共通理解をえなければならない状況がある。地域によっては学校側がPTAの校外活動に類似する組織という程度の認識にとどまっていたり、行事の消化だけに追われて地域独自の継続的な活動を発展させられないという悩みもある。一律に組織を発足させても、「教育イノベーター」の活力の持続的な発揮や地域全体に認知された活動を生みだしていくためには、事務局や各委員会の中心的な担い手の相当の努力が必要となる。

このなかで事務局態勢の強化が求められており、学校への依存を避けながらも事務所を学校におくか、学校外で確保しうるか、といった活動拠点の問題も課題となっている。その財源が公費で十分確保されないため、バザーや寄付などで補われており、住民自主組織としての自発的参加と市の基本計画等に位置づけられた学校区の教育参加制度という二つの性格規定の狭間で、各構成員の参加のありかたや組織の機能をめぐって理解のありかたにかなりの幅が生じている現状がみられる。

第四に注目される点として、地域教育会議の運営に子どもの参加をどう位置づけるかについて、設立当初とはことなる認識が生じていることがあげられる。

委員構成にみるように、地域教育会議には子ども委員はおらず、子どもの運営参加という規定はない。しかし、川崎市子どもの権利に関する条例制定の動きとあいまって「子ども会議」の開催と子どもの意見表明という活動が重点的な柱になってきた。地域教育会議で子ども座談会が開催されるだけではなく、中学生や高校生の対話集会、川崎子ども集会、川崎子ども・夢共和国（子ども参加のまちづくりから夢パーク構想へ）事業などへの子どもの参加促進、子どもの権利条例制定過程への子どもの意見表明など、川崎市の子ども施策に子どもの意見が反映されるように子どもたちの参加をうながし、行政や大人と対話する場づくりがおこなわれてきた。これらの活動をつうじて、実質的に子ども部会のような実行委員会組織がうまれている地域教育会議もある。

二〇〇〇年に制定された「川崎市子どもの権利に関する条例」では、第二九条で「市は、子どもが市政等について市民として意見を表明する機会、育ち・学ぶ施設その他の活動拠点となる場でその運営等について構成員として意見を表明する機会又は地域における文化・スポーツ活動に参加する機会を諸施策において保障することが大切であることを考慮して、子どもの参加を促進し、又はその方策の普及に努めるものとする」と規定された。この規定にもとづいて二〇〇一年度に試行された学校教育推進会議には、子どもの参加が位置づけられている。

地域教育会議は、子どもの権利条例制定過程でその権利行使の主体となるような子どもたちの意見表明・参加をうながし、子どもの権利条例の実現を地域からささえる役割を果たしてきた。そのなかで一〇年前と比較して地域のさまざまな活動に参加する子どもたちが育ってきた。その結果、地域教育会議においても運営面で子どもの参加をどう位置づけるかという点が新たな課題になってきたといえるであろう。

以上に概括したように、川崎市の地域教育会議は、単なる家庭・地域・学校の連携や青少年健全育成事業ではなく、教育への市民参加を目標にした住民の主体的な組織運営のもとで、地域内諸団体・諸機関の連携、相互の合意形成・行政等への意見反映、権利行使の主体として意見表明する子どもを育てる活動などを推進し、PTAの校外活動や地域子ども会とはことなる新しい役割を創出し、担ってきたといえる。当初の構想段階から市民の合意形成過程を尊重しつつ、区役所への分権化をともなう全庁的な態勢と連携させ、学校区における教育への市民参加が推進されてきた経緯をみることができる。

しかし、他方で地域教育会議の性格づけのあいまいさ、複合的な目的による組織運営の難しさから、今後の発展方向があらためて問われている。地域教育会議が対学校という関係ではPTAよりも対等で主体性が強いため、学校との相互理解をえにくいという地域もある。中学校区におかれているため、小学校との関係が十分密接ではないという問題もある。地域生涯学習計画の中核組織として位置づけられ、大人の地域的な学習活動の意義を明確にしている点は重要であるが、学校自体が地域生涯学習を推進する一環であるという認識がない場合、学校との距離がうまれる。総合的な学習や職場体験活動などについて協力関係はひろがっているが、人権問題などについてどう対処すべきか、学校運営の課題にたいしてPTAや学校教育推進会議とことなる立場から、地域教育会議はどこまで発言すべきか、窓口の校長・教頭だけではなく教師全体と地域の連携を深め、共に学びあえる機会をつくれないか等々、学校との関係についての試行錯誤が続いているといえよう。

また行政区の地域教育会議についても、将来的には分権化された地域の教育委員会というイメージや、中学校区の会議の連絡・調整・交流的な支援機能への期待、さらには独自の活動をする広域的な地域教育会議などさまざまなとらえかたがある。学校区から離れているため、住民の主体性はいっそう強く、教育集会の内容も充実しており、学習や調査的な活動をつうじて提言的な機能も発揮されている。しかし、明確な意見表明の権限や審議機能が位置づけられているわけではなく、住民の主体性にまかされている点では、やはり今後の改善方策が求められているとおもわれる。

### 学校区における住民参加と教育自治

全国でもまだ類例が少ない学校区における住民参加について、川崎市の動向をみてきた。他の地域では参加のための組織というよりも、懇談会や子育てボランティア事業として推進されたり、それぞれの地域特性に応じて多様な組織が連携するなどの方法がとられている。高知県の「土佐の教育改革」では「地域ぐるみ教育の推進」がうたわれており、中学校区ブロックにおける組織の発足の事例もふえているが、まだ個別的な実践の試行錯誤の段階といえよう。

川崎市の地域教育会議は、人口一二〇万都市において一〇年以上にわたって実施されてきた全中学校区における住民参加組織であり、理念・計画および学校区の実践的模索の蓄積からさまざまな課題が提起されている。今後の考察を深めるために以下の課題をあげておきたい。

第一に、地域教育会議の制度的性格についてである。いいかえれば、住民の任意性・共同性による参加と一定の権限を付与された分権化のもとでの決定過程への参加という課題をどう統一的に展望しうるかという課題である。

一定の権限を付与する参加の制度化にたいして、川崎市での議論の経緯をみると慎重論が強い。参加は自発的な活動によって盛り上がってくるという理解がなされている。学区内の任意団体や住民個々人に、行政から一定の役割を付与することは下請け化につながることも危惧されよう。しかし、そこでの合意形成や意見反映は、結局人を媒介とするインフォーマルな方法にとどまり、実効性を保障されたものにはならない。たしかに広報ひとつとっても自由な意見表明が可能であり、また多様な立場の人びとの協力によるシンポジウムの開催など、「公論」の場としての地域教育会議の存在は独自性が大きい。そのことをつうじて子どもも大人も学習し、また学区内の課題や要望も具体的にとらえられている。

こうした日常的な活動の蓄積を地域の教育計画策定に反映させるような方策として、審議機関への委員選出や学社連携プログラムの策定などへの制度的参加への道筋をつくることは、教育参加の新たな段階をうみだすことになるのではなかろうか。さしあたって学校教育推進会議と地域教育会議がどう組織的に連携しうるか、注目される点である。

第二に、活動内容としての話しあい・合意形成・意見反映の機能と、事業実施主体としての機能という二つの側面をどのように意義づけ、統一させながら力量形成をはかるかという課題がある。

ある中学校区では、地域教育会議が主導して学区内の中学生が多数参加する自由な職場体験活動を実施している。学校のカリキュラムの枠外で住民と生徒たちが共に創りだしている夏休み中の大規模な活動であり、自由な参加であるだけに生徒たちの意欲が高く、その展開は全市的に注目されている。このような学校外活動の実施主体としての地域教育会議の役割意識は、学校ではカバーできない領域や人材について地域教育会議が実質的に担うという学校と地域の合意形成と了解によって生まれてきたといえるであろう。

現在、学校外の体験活動等の推進主体の形成が期待されているが、単なるボランティアではなく、対等なパートナーとして情報を共有し、事業を担う主体として、学校区の住民参加組織を発展させていくことが課題となっているといえる。川崎市の地域教育会議は、そのひとつのモデルといえよう。

第三は、小学校区・中学校区・行政区の各レベルの地域教育会議と、全体を総括する地域教育推進協議会のそれぞれの役割・機能の明確化と有効な発展という課題である。とくに学校運営や教育活動の連携について、学校参加と地域参加を統合するためのシステムはどうあるべきかという問題である。

この問題の検討においては、あらためて教育の地方分権の制度的な側面が課題にならざるをえないであろう。とくに行政区を単位とする教育計画策定権限と住民の意見反映については、教育環境の整備や学校開放、給食や地区ごとの教育サービス事業、文化行事、部活、総合的な学習にかかわる人材リスト作成など、区行政と関連づけて意見具申を求めたり、専門委員会を設置するなど、より制度的な参加によって民意反映をおこなう方法が可能であるとおもわれる。

第四は、事務局機能への財政的・人的な支援のありかたである。市財政の緊縮のもとで、地域の教育力を高める事業を任意のボランティア活動に委ねるか、企画・運営への住民参加にもとづく公共的な事業として考え、事務局助成を強めるのかという選択が問われている。

市民活動の発展のなかでNPOを支援するNPOの役割が求められているように、学校区への住民参加については、事務局機能を支援する中間組織がない場合、現在以上の活動量を期待することは難しい。川崎市では地域教育会議を生涯学習推進と関連づけ、行政区ごとに市民館（法的には公民館）の職員がその活動を側面からささえてきている。このような態勢が存在していない地域では、PTA・子ども会の役員や青少年委員などを中心とする運営となり、自立的な組織運営に発展していくことが難しい。全国的に学社連携の必要性が提唱されても、実質的には従来の地縁団体依存型になるのは、そうした現実的制約によるところが大きい。専任事務局態勢の確立が要望としてだされている川崎市で、この問題を財政・人的資源の面でどうクリアするかは、学校区における教育参加の今後の可能性を展望する鍵となっているといっても過言ではない。

父母・住民の教育権の保障とは、住民が地域の共同的な子育て事業を担いながら、学校運営や教育政策にたいして発言し、地域からの教育創造に参加し、制度や教育内容の改革をすすめていくために意見の反映をしていくことが本来の趣旨であろう。川崎市のようなとりくみはその道程にあると考えられるが、その試行錯誤のなかで多くの示唆と検討課題が提起されている。

## 4　教育基本法「改正」論議における学校・家庭・地域

### 教育の地方分権化と規制緩和の推進

一九九六年の中教審答申で、学校・家庭・地域の連携が提言され、学校五日制の導入の過程で学社連携・融合が推進され、学校と地域社会の協働関係の構築が課題とされるにいたった経緯についてはV章で述べた。ここでは、本章で述べてきた地域における教育参加をめぐる各地の試行と対比して、中教審答申で提言された「今後の地方教育行政の在り方について」（一九九八年）から教育基本法「改正」をめぐる中教審の審議にいたる過程で、学校・家庭・地域の連携システムがどのように構想されているかということにふれ、国と地方の関係をおさえておきたい。

一九九八年の中教審答申「今後の地方教育行政の在り方について」は、地方分権化の推進と規制緩和を受けて、従来の国の教育行政の推進や地方教育委員会の組織・態勢について見なおしをおこなっている。教育委員会制度については、「地域住民の意向の積極的な把握・反映と教育行政への参画・協力」がうたわれ、「地域教育連絡協議会や地域活性化センター」の活用による地域住民との連携協力、あるいは住民への情報提供やボランティアの受け入れなどを具体的な方策として提言している。また学校に関しても「地域住民の学校運営への参画」と「地域に開かれた学校づくり」のために学校評議員の設置が提言された。

さらに「地域の教育機能の向上と地域コミュニティの育成及び地域振興」にたいして、「学校をはじめとする地域の教育機能が協調・融合して、子どもの成長を担うことが求められており、このような地域の教育機能の協調・融合を支援し、うながしていくことが教育委員会の新たな役割として期待されている」（傍点引用者）として、特別非常勤講師や高校生の就業体験、学校資源をコミュニティ活動の拠点として活用すること、首長部局等と連携した総合的な施策を推進すること、民間事業者との連携をはかること等々が提言されている。

ここでは、学校・家庭・地域の連携をうたった一九九六年の中教審答申を教育行政レベルで実現する方策として、「地域住民の参画・協力」という用語が用いられており、学社連携・融合の推進を地方分権・規制緩和のもとで実現するという政策の方向性が示されている。情報公開を強調している点も新たな展開といえるであろう。そのなかで地方教育委員会や個々の学校における裁量権限の拡大が提言されているが、住民については「参画」と「協力」とがセットとなっており、「意向の反映」というあいまいな表現にとどまっている点が課題といえる。このことはすでに述べたように、学校評議員という限定的な制度化にも象徴的にあらわれている。

また、生涯学習・文化・スポーツ活動や地域コミュニティの育成については、首長部局との連携を推進するという考えかたが基調となっている。学校を核とする地域教育の展開が教育委員会の新たな役割であるとされているのにたいして、社会教育・生涯学習については教育委員会の主体的な権限があいまいになっている点が大きな問題点といえる。学校については地域との一体化をつうじて、むしろ新たな機能が付与されているが、生涯学習については教育委員会の固有権限からはずしてボランティア活動やカルチャーセンターなどと同一視するようなとらえかたがなされている。

このことは、一面で地域づくりの課題や自治体政策と連携する生涯学習の事業を、地域・自治体の課題と一体化させながら推進していく現実的な必要性をふまえているともいえる。しかし、他面では、自治体財政の逼迫のなかで大人の学習の権利保障が後退し、学校運営へのボランティア協力態勢づくりや家庭教育などに矮小化されていく傾向をもたらしていることも否定できない。それぞれの地域で学社連携・融合に矮小化されない、大人自身の学びを重視した教育自治が確立され、市民大学・講座事業や多くのサークル・グループを支援する地域生涯学習計画のひろがりと豊かさがうみだされていることをつうじて、地域における教育参加の主体も形成されるのである。

### 家庭教育・奉仕活動の強調

このことは、教育改革国民会議の提言を機に、にわかに強調されるようになった家庭教育、奉仕・体験活動の奨励と、その後の教育基本法「改正」論議の経緯をみるならば、いっそう重要である。

臨教審答申では、家庭・学校・地域の連携という文脈で「社会奉仕の心、郷土・地域、そして国を愛する心、社会的規範や法秩序を尊重する精神の寛容が必要」であるという考えかたが強調されていた。しかし、九〇年代をつうじて中教審答申や生涯学習審議会答申では、もっぱら「ボランティア活動」「自然体験・生活体験」等の用語が使われており、「奉仕」の用語はほとんど用いられていなかった。しかし、二〇〇〇年一二月に教育改革国民会議の一七の提言がまとめられ、ここで自発的なボランティア活動ではなく、強制をともなう奉仕活動こそが重要だという論調のもとで、奉仕活動の義務化論が強調された(16)。

このような政策の展開にたいして、ボランティア団体やキリスト教関係の青少年団体、法曹関係者や人権問題にとりくむ市民団体、日本ボランティア学習協会などからあいついで反対があり、「奉仕」と「ボランティア」の用語の歴史的な意味のちがいが大きな論点となってきた。一九七〇年代頃から自発的なボランティア活動のひろがりをつうじて、「奉仕」「慈善」という観念が払拭されはじめ、ようやく日本の地域社会にも共生・連帯・相互学習などの市民的な主体性がボランティアの文化としてねづいてきたのである。

教育改革国民会議の提言を受けて、二一世紀を迎える「日本の教育新生プラン」では、「義務化」という表現こそ弱められたが、「社会奉仕体験活動」が位置づけられ、さらに二〇〇一年の教育改革関連六法の「改正」によって、学校教育法・社会教育法においても学社連携のもとで青少年の社会奉仕体験活動を促進し、家庭教育の向上をはかるなどの新たな規定が盛り込まれた。

社会教育法第三条は、国民が自己教育、相互教育をおこなう自立的な活動であることを規定しているが、今回の「改正」では「社会教育が学校教育及び家庭教育に密接な関連を有することにかんがみ、学校教育との連携確保に努めるとともに、家庭教育の向上に資することとなるよう必要な配慮をするものとする」

という第二項が付加され、学社連携が法的根拠をもつことになった。

本書の各章で述べてきたように、学校と社会教育・地域社会の連携は、地域社会の共同の子育て、家庭の子育ての社会化、子どもが育つ地域社会の構築にむけた地域からの教育創造という多彩な実践のなかで発展してきた活動である。しかし、教育改革関連六法の「改正」から教育基本法「改正」論にいたる政策の推移をみると、国家主義的な公民教育観にもとづく「奉仕」や「郷土愛」を強調し、学校・家庭・地域の連携をつうじて自発的参加と動員の矛盾構造が次第に強まっていることがうかがわれる。

### 奉仕活動の推進と学校・地域の連携

二〇〇一年一月に発足した中央教育審議会にたいして、「教育振興基本計画の整備」と「新しい時代にふさわしい教育基本法の在り方について」が諮問されたが、前者のなかでは「家庭・地域の教育力」の課題がすえられており、後者では、「家庭、学校、地域社会の役割など教育を担うべき主体についての検討」が柱とされている。ここではすでに「家庭教育及び勤労の場所その他社会における教育」の奨励を規定している第八条「社会教育」の条文を、学社連携および奉仕活動の強調という趣旨に即して改変することが課題とされている。

二〇〇二年七月の中教審答申「青少年の奉仕活動・体験活動の推進方策等について」では、「奉仕活動・体験活動」の用語を前面にだしながらもその概念や活動内容をあいまいに規定し、「体験活動」、「ボランティア活動」と混同させながら用いていることが特徴的である。「奉仕活動」は「社会の構成員としての規範意識や、他人を思いやる心など豊かな人間性をはぐくんでいく」「新たな『公共』を創りだすこ

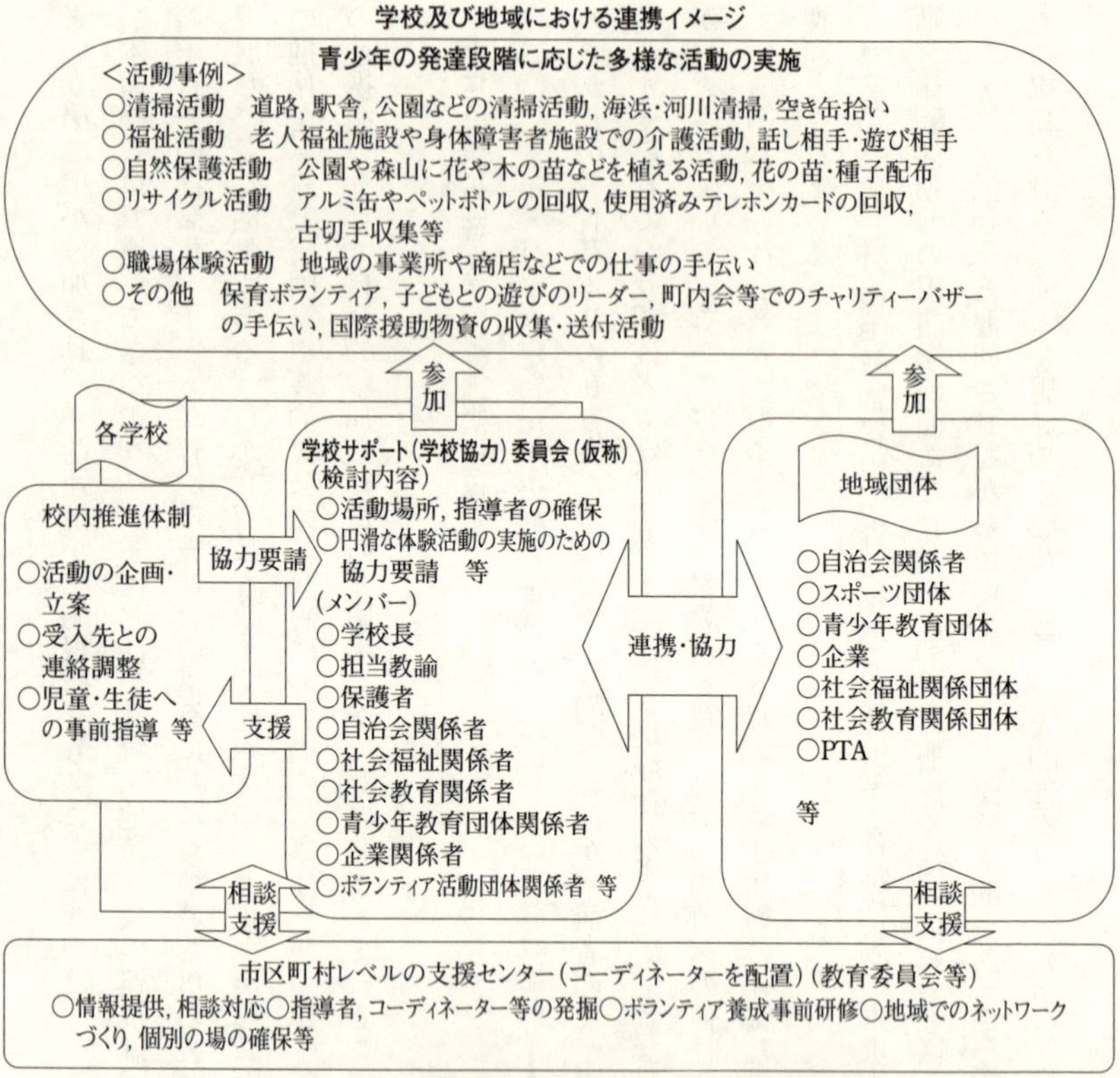
学校及び地域における連携イメージ
青少年の発達段階に応じた多様な活動の実施
<活動事例>
○清掃活動　道路, 駅舎, 公園などの清掃活動, 海浜・河川清掃, 空き缶拾い
○福祉活動　老人福祉施設や身体障害者施設での介護活動, 話し相手・遊び相手
○自然保護活動　公園や森山に花や木の苗などを植える活動, 花の苗・種子配布
○リサイクル活動　アルミ缶やペットボトルの回収, 使用済みテレホンカードの回収, 古切手収集等
○職場体験活動　地域の事業所や商店などでの仕事の手伝い
○その他　保育ボランティア, 子どもとの遊びのリーダー, 町内会等でのチャリティーバザーの手伝い, 国際援助物資の収集・送付活動
参加
参加
各学校
校内推進体制
○活動の企画・立案
○受入先との連絡調整
○児童・生徒への事前指導 等
協力要請
支援
学校サポート(学校協力)委員会(仮称)
(検討内容)
○活動場所, 指導者の確保
○円滑な体験活動の実施のための協力要請　等
(メンバー)
○学校長
○担当教諭
○保護者
○自治会関係者
○社会福祉関係者
○社会教育関係者
○青少年教育団体関係者
○企業関係者
○ボランティア活動団体関係者 等
連携・協力
地域団体
○自治会関係者
○スポーツ団体
○青少年教育団体
○企業
○社会福祉関係団体
○社会教育関係団体
○PTA
等
相談支援
相談支援
市区町村レベルの支援センター(コーディネーターを配置)(教育委員会等)
○情報提供, 相談対応○指導者, コーディネーター等の発掘○ボランティア養成事前研修○地域でのネットワークづくり, 個別の場の確保等

図 18　奉仕体験活動の推進と学校・地域の連携

出典　中教審答申「青少年の奉仕活動・体験活動の推進方策等について」(2002 年 7 月).

とに寄与する」目的をもつものであるととらえている。このような文脈で、「新たな公共」を担う奉仕活動の例として、特定非営利活動促進法の一二の活動分野を例示しているが、それはあまりにも短絡的で、法制定過程の論議を無視しているといわざるをえない。

ＮＰＯについては従来、「市民活動」の用語が用いられ、相互扶助的なサービスとしての公益的活動とともに、社会を良くしていくための政策提言や批判などのアドボカシー活動を重要な要素としている。市民の主体的・自発的な社会参加活動として芽生え、定着してきたボランティアやＮＰＯについて、制度創造的な市民活動という意味で「新しい公共性」、「市民的公共性」という表現が用いられてきたのである。しかしそれは国家統制のもとでの勤労奉仕や、共同体に拘束された奉仕とは全くことなる個々人の主体性・自立性によって培われる市民性・共同性の形成をめざすものにほかならない。

中教審答申では、初等・中等学校において教職員自身が奉仕活動の理解を深めるように研修をおこない、校内推進体制を設け、さらに地域社会ではこれをサポートするための「学校サポート（学校協力）委員会」などを図18のような網羅組織として想定している。さらに大学における単位、インターンシップ、青年の長期参加プログラムなどをつうじて入社、教員採用等で評価されるシステムが提案されており、青少年の奉仕活動を実質的に一定期間全員参加制にして拡充していく方向性が示されている。

就労前の企業・自治体におけるインターンシップ制やフリーターにたいするワークシェアなどの方法は、現在の流動的な青年労働市場のなかでは決して非現実的な方策とはいえない。問題は、それが「奉仕」の強制なのか、青年の自発的な社会参加と自己実現をめざすキャリア形成につながるのか、個々人の選択の自由とシステムの民主的な理念にもとづく教育的な内容編成のありかたである。

むろん、「奉仕」の推進のもとでも、活動の内実はそれぞれの地域において多様なものになり、実際には子どもたちの選択制をふくむものになる場合が多いとおもわれる。しかし、教育基本法における平和主義や個の尊重を疑問視する言辞のもとで、政治的に奉仕・体験活動が強調されている点が危惧される。有事法制や憲法「改正」論との関連のもとで奉仕・体験活動やボランティア活動が奨励されることによって、体験活動が学習プログラムとしてではなく、勤労奉仕や訓練として一律に導入される時代の空気は強まっていくであろう。

一九九〇年代の学校・家庭・地域の連携は、地域の教育力の衰退という現実をふまえて、その再生の方策を問うものであった。したがって、中教審が提起しているように、学校・家庭・地域の連携の主体をどう形成するかということが、まさに重要な鍵となる。しかし、現在の教育政策における地域のとらえかたはきわめて抽象的で規範的であり、学校主導的である。学社連携・融合や学校と地域社会の協働関係の諸事例に示されるように、本来、地域はそれぞれに独自の課題をもち、それにとりくむ多くの大人や住民諸団体が共同学習をおこなっている。その過程に教師と子どもたちが参加し、共同関係を発展させていくことから、連携の主体が形成されていくのである。地域民主主義と参画をキーワードとする教育参加のプロセスを実現することこそが、地域の教育力再生の道にほかならないのである。

## 5　教育参加と能動的市民の形成

教育基本法は、「平和的な国家及び社会の形成者」という文言によって、平和と人類の福祉、民主主義を実現する国民の育成を目的としてうたっている。それにたいして伝統、郷土、家庭、奉仕といった倫理的規範が教育基本法のめざす教育理念として新たに盛り込まれることは、個人の尊厳と人類的な価値をめざしてきた戦後教育の大きな転換を意味する。学校をささえる地域社会のシステムも、あるいはそれに参加する住民たちの活動も「奉仕」の観念によってとらえられるならば、それは教育自治と逆行する共同体的な規制、あるいは参加の形態による動員ということにならざるをえないであろう。

佐藤秀夫は、教育基本法制定時にすでに教育刷新委員会に内包されていた限界として、第一に天皇制批判を徹底しえなかったこと、第二に教育刷新委員会の学識者の議論自体が民衆レベルの「公共性」志向に懐疑的であったこと、第三に「個性の尊重」「個人の価値」が理念の抽象性の故に民衆生活にとってリアリティをもちえず、高度経済成長期以降の消費社会の進行によってミーイズム（自己中心主義）が「下からの公共性」の担い手であるべき「個人」の自立性を浸食していったという三つの問題を指摘している[17]。子育ての共同、学校と地域社会の協働という本書のテーマは、佐藤のこれら三つの指摘にふくまれている戦後教育の課題を内在化しながらのりこえていく主体の形成をめぐって、その葛藤と矛盾を構造的に解明する手がかりを提示していると考える。

「個性の尊重」「個人の価値」が抽象的理念にとどまり、消費社会の進行のなかで自立的個人の形成にささえられる「下からの公共性」を浸食していったとする佐藤秀夫の指摘は鋭いが、実態に即した吟味を要するとおもわれる。本書でとらえてきた子育ての共同性の発展は、生活レベルの相互連帯・支援・ネットワークの原理にたつものであり、そのひろがりに注目するならば、「下からの公共性」の形成は全国各地で追求されてきたといえる。にもかかわらず、そのことが地域の教育参加のしくみのなかでフォーマルに実現されることに必ずしも帰着しなかったという点こそが問題である。

ここには、中央と地域が相互に拮抗する教育行政の基本構造の問題があることは言をまたない。しかし同時に、教育の観念を学校主義的にとらえてきた日本の教育学研究のアカデミズムの限界もあるといわざるをえない。

もうひとつの問題は、教育基本法第一条の目的にうたわれている「個人の価値」の尊重と「平和的な国家および社会の形成者」の育成を統合的に達成することにむけて、地域社会の現実の教材化をつうじて、住民・教職員・子どもたちが共同して実践的なプログラムを開発していく活動の立ち遅れである。

二〇〇二年七月の中教審答申には、イギリスの市民教育（シチズンシップ教育）や諸外国の事例が収集、紹介されているが、それらは「奉仕活動」の論理とは全く異質な内容をもっているにもかかわらず、そうした経験に学ぶという姿勢はうちだされていない。

文部省研究開発委嘱事業によって日本ボランティア学習協会がまとめた調査研究報告書『英国の「市民教育」』[18]によれば、一九九八年に発表されたイギリスのクリック・レポート「市民教育と学校における民主主義の教授」[19]が、公民教育的「奉仕」観とはことなる教育目的・方法をもつプログラムとして紹介されている。その理念は「自己への信頼」(self-confidence)、「コミュニティへの参画」(community involvement)、「政治的リテラシー」(経済的・社会的な諸問題に関連する対立の解決や意志決定のための現実的な知識や準備、職業世界への個人的な期待や準備、公共財の配分や税の合理性に関する議論をふくむ)[20]の三つの柱で構想されている。

このような検討によって具体化された全国共通カリキュラムには、以下のような教育内容があげられている。①「成熟した市民」になるための知識として、「社会をささえている法的権利や人権、責任、刑事裁判システムを学ぶ」、「個性、地域、国籍、宗教、人種的アイデンティティなどの多様性の相互尊重と相互理解の大切さを学ぶ」。②「調査とコミュニケーション」のスキルを育成するために「地域におけるフィールドワークや、アンケート調査、聞き取り調査、さらには新聞などのメディアや、コンピューター・メディアなどの情報源を活用し分析することによって、時事的、政治的、精神的、道徳的、社会的、文化的論点や課題について考え」たり、発表する。③「参加と責任ある行動」のスキルを育成するために、ワークショップや交渉・合意・決断のプロセスの経験、「社会教育やコミュニティにおける責任の一翼を担う体験」などの行動的な学習をおこなう、など。[21]

これらの内容は、部分的には日本の社会科・公民科に近接したカリキュラムといえる。しかし、共同研究者の興梠寛の指摘によれば、このカリキュラムは学習方法としてアクティブ・ラーニング（active learning——活動をつうじて学ぶこと、なす事により学ぶこと）を基礎においており、問題解決学習の視点をもつこと、生徒の生活する地域社会を教材化するダイナミックな姿勢をもち、民主主義への志向を強くもつことなどの点で公民科とはことなっている。[22]

青少年の社会参加への関心が低下していることは、イギリスも日本も共通する現象であるが、このようなカリキュラムを市民教育に関する専門的な非営利市民活動団体が協力し、コミュニティ・サービスのネットワークとして推進するシステムが地方ごとに、教師の自由な裁量によりながら発展していることが紹介されている。

地域の主体性、参画、地域民主主義をめぐる参加型の学習をベースとする市民教育の内容は、大人から子どもへ、地域における教育参加を推進する教育創造をつうじて日本でも各地で模索されている。まだ萌芽的な段階ではあるが、父母・住民の教育参加は、市民教育の理念を地域独自の方法で実現していくためのしくみづくりであり、学校をこえた社会的・市民的な教育の主体を形成する道程にほかならない。その意味では、教育基本法の目的・理念は、第七条の社会教育、第八条の政治教育や第一〇条の教育自治とあいまって、それぞれの地域の教育創造を相互補完的に促進する。地域の主体性のもとでのその循環性の保障こそが、今求められている教育改革の課題といえよう。

子育ての共同を起点にしてひろげられてきた地域の教育力の再生と、大人の共同意志の形成の過程は、子どもの自立の課題を社会的に共有し、大人と子どもの共同を発展させていく営みである。大人みずからが能動的な市民として、社会に参加し、親・住民としての教育への主権を行使することによって、「子どもが育つ地域社会」を、共同性と公共の支援にささえられた公共空間として創造することになるのである。

今や、子どもたちを教え、導くことは学校の教師たちのみによって達成されることではない。教育という通念も学校と同義ではなくなってきた。その意味では、臨教審以降の教育改革は教育概念の社会的拡張をもたらし、学校の社会化と社会の学校化をつうじて父母・住民を広義の教育の担い手として舞台に登場させてきたのである。教育参加の概念は、参加システムの法制度的な問題としてのみならず、地域教育・市民教育の内容創造の課題として、担い手である父母・住民の力量形成や提案能力の発揮をつうじて、今後さらに各地域の具体的な場面において問われていくであろう。

(1) 大田堯『地域の中で教育を問う』新評論社、一九八九年、一〇五頁。

(2) 青木宏治「教育自治立法の重要性と可能性」前掲、日本教育法学会編『自治・分権と教育法』(『講座現代教育法』第三巻、三省堂、二〇〇一年)。

(3) 「教育基本法第一〇条」(鈴木英一) 日本教育法学会『教育法学辞典』学陽書房、一九九三年、一三二頁。

(4) 前掲、今橋盛勝『教育法と法社会学』(三省堂、一九八三年) において、今橋は『国民の教育権』における『父母の教育権』の名目性と現実的形式性」についてつぎのように述べている。「『子どもの学習権』――『親・国民の学習権』の概念と法理は、杉本判決により『国民の教育権』の基底的地位をあたえられ、豊かに発展させうる法的意味を付与されながら、結局、『国の教育権』を否認し、『教師の教育の自由』を導き出す法解釈上の抽象的概念にとどまり続けてきたのではなかろうか。(中略)『国民の教育権』における父母の教育権の法的位置と、その具体的権利性、権利行使の方法の解明は、杉本判決以降一九七〇年代から今日にかけて、一貫して教育法学に問われ続けてきた重要課題なのである。」(一二九頁)

(5) 前掲、日本教育法学会編『自治・分権と教育法』。本書において住民参加について言及されているのは、仲田陽一「地域における学校の自治と『学校評議員制度』」における「地域学校協議会」、青木宏治、前掲論文の「教育自治条例」、喜多明人「学校運営参加を支援する自治立法」における「共同決定権」、高野良一「教育自治と教育法」における「フォーラム型住民参加」などである。

(6) 前掲、藤岡貞彦『教育の計画化』総合労働研究所、一九七七年、同「地域形成の法社会学的考察」『教育法学の課題と方法』(講座『教育法』第一巻総合労働研究所、一九八〇年)、など参照。

(7) 前掲、今橋『教育法と法社会学』では以下のように述べている。「その教育条理とは、『教育の地域性』と『地域の教育性』の二つである。『教育の地域性』とは、公教育の内容・方法(子どもの発達過程の具体的筋道、教育を支える社会的・経済的・自然的・文化的・歴史的条件、父母・住民の教育意思・要求・関与)と公教育の運営の地域的独自性・非画一性を意味するものとして解したい。もうひとつの『地域の教育性』とは二つの意味をもつ。地域は人間が生存・生活し、職業を営み、文化活動を行い、文化を享受する場であることからいって、第一には、地域が存在し存続する中に、またそのためには、次の世代を生み、育て、教育をしていくという働きをつねに内包し、子育てと教育の営みを承認・サポートしていくという本質的役割・機能を保持していることである。第二には、子どもは、家族だけではなく、それを一部に含んで存在し存続している地域の社会的・経済的・自然的・文化的いとなみとのかかわり、歴史的条件に支えられ、かつ規定されながら自己を形成することによって、文化を継承し発展させうる能力の土台（基盤）をつくることができるという意味である。」「この『教育の地域性』『地域の教育性』の条理こそが、教育の国家事務を否認し、地方自治体の団体事務・固有事務たらしめ、公教育内容についても住民自治の法原則が妥当しなければならない根拠であると考えられる。」（二九一頁）

(8) 同右、三四六～三四七頁。

(9) 今橋盛勝「父母の学校参加とＰＴＡの可能性」『教育』一九八九年一〇月号、国土社。同「学校父母会議の結成を」『世界』一九九〇年五月号特集「父母が学校を開く」、など参照。

(10) 川崎市生涯学習推進懇話会『川崎市生涯学習推進懇話会調査研究報告書』二〇〇一年。

(11) 高知県教育委員会『わが町わが校の教育改革』実践事例集Ⅰ～Ⅴ、一九九八年～二〇〇二年。高知新聞社社会部『土佐の教育改革を』高知新聞社、一九九七年。高知県教職員組合編『「土佐の教育改革」を県民の求める教育改革に』（資料集）一九九七年九月など参照。

(12) 小川正人・最首輝夫『子どもと学ぶ市川市の教育改革』ぎょうせい、二〇〇一年。

(13) 荒井文昭・増森幸八郎・平井教子他「埼玉・鶴ヶ島市の教育審議会・学校協議会」『教育』二〇〇一年五月号、国土社。

(14) 川崎市の地域教育会議については、以下の資料を参照。川崎市教育懇談会『いきいきとした川崎の教育をめざして』一九八六年。川崎市基本計画『川崎新時代二〇一〇プラン』一九八九年。川崎市生涯学習推進基本構想策定調査委員会『川崎市生涯学習推進基本構想』一九九一年。同委員会『川崎市生涯学習推進基本計画』一九九三年。川崎市地域教育会議推進協議会『川崎市における「地域教育会議の取り組み」』一九九六年。同協議会『地域教育会議活動報告書』一九九八年。川崎市生涯学習推進懇話会『川崎市生涯学習推進懇話会調査研究報告書』二〇〇一年。その他、各地域教育会議発行資料など。また、岩淵英之（教育長として地域教育会議を推進）編『生涯学習と学校五日制』エイデル研究所、一九九三年、同「川崎における地域からの教育改革と生涯学習の推進」、日本社会教育学会年報第三八集、一九九四年、篠原一・牧柾名編『地域からの教育改革』自治体研究センター、一九八七年、碓井正久『生涯学習と地域教育計画』(碓井正久教育論集Ⅱ)国土社、一九九四年など参照。

(15) 川崎市菅生中学校区地域教育会議では、初心に戻って地域教育会議のありかたを考えるために再生委員会を発足させ、一年半の議論をインターネットで議事録として公開した。 http://www.linkclub.or.jp/~sugaochi

(16) Ⅴ章注(9)参照。

(17) 佐藤秀夫「教育基本法成立過程にみる『公共』と『個人』との関係構造」『論座』一九九九年一一月号、五九頁。

(18) 日本ボランティア学習協会編集・発行『英国の「市民教育」』二〇〇〇年。

(19) 同右、クリック・レポート「市民教育と学校における民主主義の教授」Crick Report, "Education for Citizenship and the Teaching of Democracy in Schools (Final Report of the Advisory Group on Citizenship", September, 1998)。同右の冊子に詳細な紹介があり、巻末には学校における市民教育を推進するナショナル・カリキュラム「市民」(Citizenship)の翻訳が収録されている。

(20) 同右所収、粟田充治「Citizenship Education の教育理念と内容」、二九~三〇頁。

(21) 同右所収、興梠寛「学校のボランティア学習を支援する地域ネットワーキング」、八三頁。

(22) 前掲、粟田充治による興梠寛の見解の引用。同右所収、三九頁。

# あとがき

学校外教育論・「地域の教育力」問題は、筆者が社会教育研究を志した当初から関心をもちつづけてきたテーマである。一九七〇年代から八〇年代にかけて、PTAや家庭教育学級などにとどまらず、地域の教育懇談会や保育園・学童保育の父母会、生協の班、子ども劇場などをつうじて親の共同と地域参加がひろがりをみており、筆者自身もこれらに参加する機会があった。一九八九年に青木書店から刊行した拙著『文化協同の時代』では、これらの動向を地域文化をはぐくむ協同という視点から意義づけている。

このような歴史的展開をふまえ、九〇年代以降の教育改革の推進や学校五日制の導入のもとで地域の教育力が新たに注目されつつある。本書では、大人が子どもたちとともに地域活動や地域参加をおこなう活動に焦点をあて、その可能性や今日的な課題についてほりさげている。近年、このテーマについて関連する書物が少なからず刊行されているが、本書のオリジナリティは、学校とは相対的にことなる生活文化的な視野から、子どもたちが育つ場・親たちが参加する場としての地域社会の構造的な把握をこころみている点にある。親・住民を主体とする地域子育て共同論の構築のこころみといってもよい。

子育ての第一の当事者である親たちが教育問題を論ずるうえで周辺に位置づけられ、学校からも公共機関からも対象として扱われがちであるのは、教育が制度的にとらえられ、子育て・子育ちという家庭や地域社会の生活の営みが原点にすえられていないからであろう。本書は学校から地域へ、まなざしの転換をこころみ、その視野から従来の議論を再構築しようとしている。そこにどのような新たな教育文化がはぐくまれているかを問うことなしには、子どもが育つという社会的営為の本質にせまることはできないのではないかと考える。

本書は一九九八年に東京大学出版会から刊行された前著『生涯学習と社会参加』の姉妹編の意味ももっている。前著において、社会教育研究の方法論として制度・政策的なアプローチと学習の営みを成立させる生活世界とを交錯させてとらえることを課題として、地域社会教育論を検討した。本書は研究方法論としてそれをひきついでいる。

本書のⅡ章とⅢ章はすでに発表したものであるが、本書のために大幅に加筆修正して収録した。初出は左記のとおりである。

『「地域の教育力」をめぐる理論的諸問題」『一橋論叢』一二一巻二号、日本評論社、一九九九年二月号。

「地域社会における子どもの居場所づくり」講座『現代の教育』(第七巻)岩波書店、一九九八年。

本書の主題は戦後の地域教育計画論の系譜に触発されている。地域教育計画の嚆矢として知られる広島県本郷町の本郷プランにかかわった大田堯氏は、自分の土地をまちに寄贈し、そこで住民とともにNPO型の子ども図書館づくりを進めている。木の香りも清々しい図書館で、公立図書館とはひと味ちがう多彩な文化活動や遊びが生まれ、大人と子どもの共同が発展している。本郷町を訪問して、あらためて地域教育計画のビジョンと実践の相互関係の歴史的な持続性、それをささえる住民の願いの深さを認識することができた。本書が、こうした先学の研究者や各地の住民・教師たちの研究と実践の成果を受けつぎ、二一世紀につないでいこうとする読者への一助となれば幸いである。

本書のために各地で調査をおこなった。七年間にわたり川崎市、市川市、鶴ヶ島市、および長野県下の飯田市、上田市、木曽郡、栄村、松本市、望月町の各教育委員会に東京大学教育学部教育行政・社会教育調査演習を受け入れていただき、学社連携について現場の方々の率直な意見を聞かせていただいた。また、兵庫県と鹿沼市の教育委員会、習志野市立秋津小学校、滋賀県立琵琶湖博物館、東京都杉並区立児童青少年センター「ゆう杉並」、岩手県青年団協議会、山形県庄内地域づくりと子育て・文化協同の会、特定非営利活動法人野の花館、国分寺冒険遊び場の会、越谷らるご・フリースクールりんごの木、三鷹文化学習協同ネットワーク、高知こども図書館、福井県子どもNPOセンターなど各地の子どもNPO、高知県高等学校教職員組合、全国学童保育連絡協議会、東京都内の児童館、貝塚子育てネットワーク、町田市立子どもセンター「ばあん」、東京都文京区根津千駄木教育懇談会、広島県ほんごう子ども図書館、子育て・文化協同全国世話人の方々にヒアリングをお願いした。東京都と東京都中野区教育委員会の社会教育委員の会議、川崎市生涯学習推進懇話会では、委員として子育て、学校外教育に関する審議に参加し、事務局から資料提供を受けた。調査の一部は科学研究費基盤研究(B)(平成一三・一四年度)の助成を受けた。

ご協力くださったすべての方々に厚く御礼を申しあげる。

前著と同様、東京大学出版会元編集部の伊藤一枝氏が本書の編集を担当し、同編集部の後藤健介氏がその仕事をひきついでくださった。東京大学出版会のご配慮とお二人のご尽力に心から感謝の意を表したい。

二〇〇二年七月

著　者

# 索　引

さ　行

## は　行



## ま　行



## や　行



## ら行・わ行

**著者略歴**
1944年　東京に生れる.
1974年　東京大学大学院教育学研究科博士課程修了.
　　　　埼玉大学講師, 助教授, 教授を経て
現　在　東京大学大学院教育学研究科教授.
専　攻　社会教育学・地域文化論.

**主要著書**
『文化協同の時代』(青木書店, 1989年)
『文化協同のネットワーク』(編著, 青木書店, 1992年)
『子どもの文化権と文化的参加』(共編著, 第一書林, 1995年)
『生活構造の理論』(共著, 日本放送出版協会, 1995年)
『生涯学習と社会参加』(東京大学出版会, 1998年)
『NPOと参画型社会の学び』(編著, エイデル研究所, 2001年)
『世界の社会教育施設と公民館』(共編著, エイデル研究所, 2001年)
『NPOの教育力』(編著, 東京大学出版会, 2004年)

子どもが育つ地域社会　学校五日制と大人・子どもの共同

2002年10月17日　初　版
2005年 5月30日　第3刷

〔検印廃止〕

著　者　佐藤《さとう》一子《かつこ》

発行所　財団法人　東京大学出版会
　　　　代表者　岡本和夫
　　　　113-8654 東京都文京区本郷7-3-1 東大構内
　　　　電話 03-3811-8814　Fax 03-3812-6958
　　　　振替 00160-6-59964

印刷所　大日本法令印刷株式会社
製本所　有限会社永澤製本所


ISBN 4-13-053058-5　Printed in Japan